# A ÁGUA E OS SONHOS
## UMA (RE)LEITURA EM GASTON BACHELARD

Editora Appris Ltda.
1.ª Edição - Copyright© 2025 do autor
Direitos de Edição Reservados à Editora Appris Ltda.

Nenhuma parte desta obra poderá ser utilizada indevidamente, sem estar de acordo com a Lei n°
9.610/98. Se incorreções forem encontradas, serão de exclusiva responsabilidade de seus organizadores. Foi realizado o Depósito Legal na Fundação Biblioteca Nacional, de acordo com as Leis n[os]
10.994, de 14/12/2004, e 12.192, de 14/01/2010.

Catalogação na Fonte
Elaborado por: Dayanne Leal Souza
Bibliotecária CRB 9/2162

| | |
|---|---|
| O488a<br>2025 | Oliveira Neto, Joaquim Nepomuceno de<br>A água e os sonhos: uma (re)leitura em Gaston Bachelard / Joaquim Nepomuceno de Oliveira Neto. – 1. ed. – Curitiba: Appris, 2025.<br>121 p. ; 21 cm. – (Coleção Linguagem e Literatura).<br><br>Inclui referências.<br>ISBN 978-65-250-7237-1<br><br>1. Bachelard. 2. Água. 3. Sonhos. I. Oliveira Neto, Joaquim Nepomuceno de. II. Título. III. Série.<br>CDD – 101 |

Livro de acordo com a normalização técnica da ABNT

*Appris*
*editora*

Editora e Livraria Appris Ltda.
Av. Manoel Ribas, 2265 – Mercês
Curitiba/PR – CEP: 80810-002
Tel. (41) 3156 - 4731
www.editoraappris.com.br

Printed in Brazil
Impresso no Brasil

Joaquim Nepomuceno de Oliveira Neto

# A ÁGUA E OS SONHOS
## UMA (RE)LEITURA EM GASTON BACHELARD

**Appris** *editora*

Curitiba, PR
2025

# FICHA TÉCNICA

EDITORIAL    Augusto Coelho
Sara C. de Andrade Coelho

COMITÊ EDITORIAL

Ana El Achkar (Universo/RJ)
Andréa Barbosa Gouveia (UFPR)
Antonio Evangelista de Souza Netto (PUC-SP)
Belinda Cunha (UFPB)
Délton Winter de Carvalho (FMP)
Edson da Silva (UFVJM)
Eliete Correia dos Santos (UEPB)
Erineu Foerste (Ufes)
Fabiano Santos (UERJ-IESP)
Francinete Fernandes de Sousa (UEPB)
Francisco Carlos Duarte (PUCPR)
Francisco de Assis (Fiam-Faam-SP-Brasil)
Gláucia Figueiredo (UNIPAMPA/ UDELAR)
Jacques de Lima Ferreira (UNOESC)
Jean Carlos Gonçalves (UFPR)
José Wálter Nunes (UnB)
Junia de Vilhena (PUC-RIO)

Lucas Mesquita (UNILA)
Márcia Gonçalves (Unitau)
Maria Aparecida Barbosa (USP)
Maria Margarida de Andrade (Umack)
Marilda A. Behrens (PUCPR)
Marília Andrade Torales Campos (UFPR)
Marli Caetano
Patrícia L. Torres (PUCPR)
Paula Costa Mosca Macedo (UNIFESP)
Ramon Blanco (UNILA)
Roberta Ecleide Kelly (NEPE)
Roque Ismael da Costa Güllich (UFFS)
Sergio Gomes (UFRJ)
Tiago Gagliano Pinto Alberto (PUCPR)
Toni Reis (UP)
Valdomiro de Oliveira (UFPR)

SUPERVISORA EDITORIAL    Renata C. Lopes

PRODUÇÃO EDITORIAL    Sabrina Costa

REVISÃO    Ana Carolina de Carvalho Lacerda

DIAGRAMAÇÃO    Jhonny Alves dos Reis

CAPA    Eneo Lage

REVISÃO DE PROVA    Jibril Keddeh

## COMITÊ CIENTÍFICO DA COLEÇÃO LINGUAGEM E LITERATURA

DIREÇÃO CIENTÍFICA    Erineu Foerste (UFES)

CONSULTORES

Alessandra Paola Caramori (UFBA)

Alice Maria Ferreira de Araújo (UnB)

Célia Maria Barbosa da Silva (UnP)

Cleo A. Altenhofen (UFRGS)

Darcília Marindir Pinto Simões (UERJ)

Edenize Ponzo Peres (UFES)

Eliana Meneses de Melo (UBC/UMC)

Gerda Margit Schütz-Foerste (UFES)

Guiomar Fanganiello Calçada (USP)

Ieda Maria Alves (USP)

Ismael Tressmann (Povo Tradicional Pomerano)

Joachim Born (Universidade de Giessen/ Alemanha)

Leda Cecília Szabo (Univ. Metodista)

Letícia Queiroz de Carvalho (IFES)

Lidia Almeida Barros (UNESP-Rio Preto)

Maria Margarida de Andrade (UMACK)

Maria Luisa Ortiz Alvares (UnB)

Maria do Socorro Silva de Aragão (UFPB)

Maria de Fátima Mesquita Batista (UFPB)

Maurizio Babini (UNESP-Rio Preto)

Mônica Maria Guimarães Savedra (UFF)

Nelly Carvalho (UFPE)

Rainer Enrique Hamel (Universidade do México)

*Os sonhos e os devaneios são, para algumas almas,
a matéria da beleza. Adão encontrou Eva ao sair
de um sonho; é por isso que a mulher é tão bonita.*

*Bachelard*

# AGRADECIMENTOS

*Ao Prof. Dr. José Guilherme de Oliveira Castro, pela leitura dos originais e sugestões à obra.*

*À Prof.ª Dr.ª Telma de Carvalho Lobo, pela leitura, revisão e sugestões à obra.*

*À Prof.ª Me. Lícia Mara da Silva Oliveira, filha querida, pela leitura e sugestões à obra.*

*À professora Albeniza de Carvalho e Chaves (in memoriam)*

# APRESENTAÇÃO

Este estudo é o resultado de um percurso linguístico-filosófico pelas obras de Gaston Bachelard, que iniciou com a obra a *Formação do Espírito Científico*. Agora, voltando às demais obras de Bachelard, objetiva-se mostrar como, em seus livros posteriores, seu espírito inquieto e curioso pautado na instabilidade e insatisfação voltou-se para o estudo do fenômeno poético.

A obra *A água e os sonhos*, assim como as outras que fazem parte das obras noturnas que, reunidas, constituem o que se convencionou chamar "a teoria dos quatro elementos fundamentais – ar, terra, fogo e água" –, estabelece relações entre o espírito científico e a natureza, enfatizando a nostalgia da infância na formação da imagem poética.

Bachelard, ao considerar esses elementos como a matéria-primeira da nossa substância afetiva, soube descrever, segundo as palavras de Boisdeffre "com a precisão de um sábio e o lirismo de um poeta".

Nessa (re)leitura em *A água e os sonhos*, a água, em seu anonimato, desvenda todos os segredos, pois, abordando o problema da Psicologia da água por percursos diversos, Bachelard busca, nessa obra de estética literária, determinar a substância das imagens poéticas, adequando às formas as matérias que lhe são fundamentais.

Assim, por meio do Bachelard noturno, faremos algumas reflexões filosóficas sobre o que a água tem em sua profundidade. Essas reflexões, como se verá no decorrer da obra, buscam explorar ângulos diversos, fazendo-se um estudo fenomenológico sobre as vozes, os afetos, os gêneros, as imagens e as lembranças que envolvem a água em seus significados, leva-nos a considerar uma nova maneira de pensar, viver e de sentir as águas. Com isso, esperamos conduzir o leitor a perceber-se nesse universo de Água e Sonhos, embalado no devaneio que se personifica em Bachelard, a criar imaginações numa complexa concepção filosófica.

**Joaquim Nepomuceno**

# PREFÁCIO

Uma das preocupações de Gaston Bachelard são os obstáculos epistemológicos, que, segundo ele, impedem o avanço do espírito científico, pois tanto o conhecimento usual, o conhecimento comum, quanto o conhecimento científico, e até mesmo o racionalismo, quando tomados num extremo, serão fadados a funcionar como obstáculos epistemológicos, isto é, à teoria do conhecimento.

Assim, na busca de uma consciência epistemológica, Bachelard, um leitor assíduo, recorre aos demais pensadores para a consolidação de seu pensamento, objetivando, no contexto da revolução científica, pela Teoria da Relatividade, de Albert Einstein, o estudo do significado epistemológico dessa ciência, procurando dar a ela uma filosofia que fosse compatível com o que ela apresentava.

O autor, então, em seu percurso literário, dentre outras obras, presenteia o leitor com *A água e os sonhos*, obra que, didaticamente, enquadra-se nas obras noturnas.

Assim, o fenômeno literário, na contemporaneidade, é objeto de estudo de várias ciências que privilegiam o texto como centro de pesquisa. Nesse caso, recorrem às Ciências Sociais – à Sociologia, à Filosofia, à Antropologia, à Psicologia – e até aos textos bíblicos, para dar mais embasamento aos estudos. Tal fato remete à produção bibliográfica de Bachelard que, constantemente, auxilia na análise e na interpretação de criações artísticas em prosa e verso.

Gaston Bachelard destaca, em seus livros, a importância dos quatro elementos da natureza, nos textos produzidos por muitos escritores. Muitas vezes, esses elementos se fundem, no espaço da produção literária, constituindo algo indivisível. A obra produzida pelo filósofo é rica e profunda, pois a cada releitura surgem novas informações, o que leva o leitor a sempre estar se arguindo, sempre querendo saber e discutir sobre os temas acrescentados.

É o que se observa na releitura do volume *A água e os sonhos* feita pelo professor Joaquim Nepomuceno, que considera a obra do filósofo base para a compreensão de um texto, visto que o autor pode ser considerarado um "filósofo da imaginação"; justamente, a imaginação dos quatro elementos da natureza, nas produções artísticas.

O autor do texto da releitura privilegia a água, dentro dos quatro elementos da natureza. Salienta como o elemento líquido pode se manifestar nos textos – a água doce: clara, leve ou água salgada, pesada, profunda. Esse fenômeno pode se manifestar nos textos literários, por meio de obras mais românticas ou mais realistas. A água, em seus reflexos, duplica o mundo e as coisas, também duplica o sonhador e não apenas uma imagem vaga, mas oniricamente experimentada. Portanto, a água se mostra como elemento ambivalente, podendo levar à vida, à criação, à morte ou à destruição.

Na releitura da obra, percebe-se, ainda, que o autor explica que o filósofo concebe a água como elemento vivo, que canta em tom alto (superficial), tom baixo (profundo, voz de mãe) e sempre purifica, lava, o que justifica sua presença em rituais religiosos.

Também não se pode negar a influência da água na construção de personagem da ficção narrativa, como o ensaísta destaca a personagem Etienne, criada pelo escritor francês Hanoré de Balzac, que, por seu temperamento forte e por sua maneira de agir, é fruto da influência das águas turbulentas do mar.

Após a leitura do texto do professor Joaquim Nepomuceno de Oliveira Neto, sobre a obra *A água e os sonhos,* considera-se o ensaísta um leitor ativo, tomando por base a teoria de Wolgang Iser, um dos expoentes da estética da recepção, pois não foi realizada uma simples leitura, mas o escritor explicou os vazios do texto, tarefa de um leitor virtuoso. Além disso, também foram respondidas algumas perguntas, mas surgiram novos questionamentos para novas releituras, confirmando o que foi dito anteriormente – a obra de Gaston Bachelard é profunda e rica.

Portanto, este exercício de releitura tem o mérito de contribuir para os avanços da pesquisa, no campo dos estudos literários, linguísticos, sociais e filosóficos, servindo de bibliografia para ser consultada.

**Prof. Dr. José Guilherme de Oliveira Castro**

*Doutor em Teoria Literária pela PUC/RS; professor aposentado da UFPA; professor do Curso de Pós-Graduação da Universidade da Amazônia (Unama)*

# SUMÁRIO

INTRODUÇÃO .................................................................................19

1
O PERCURSO FILOSÓFICO E POÉTICO DE BACHELARD ...............23

2
A ÁGUA SEM PSICANÁLISE .........................................................33

3
A ÁGUA E SUAS IMAGENS ...........................................................41

4
CARONTE E OFÉLIA .....................................................................59

5
A ÁGUA E SUAS MISTURAS ..........................................................69

6
A ÁGUA É MATERNAL E FEMININA? A ÁGUA PURA? ...................81

7
O RIO CONTRA O MAR ................................................................97

8
A ÁGUA E SUA VOZ ...................................................................113

9
CONSIDERAÇÕES FINAIS ...........................................................117

REFERÊNCIAS ............................................................................119

# INTRODUÇÃO

Este trabalho tem a intenção de fazer uma re(leitura) da obra *L'eau et les rêves* (*A água e os sonhos*), de Gaston Bachelard. O primeiro contato com o filósofo efetivou-se quando dos estudos das disciplinas Teoria do Conhecimento e Filosofia da Linguagem, no decorrer do curso de pós-graduação, em nível de mestrado, na Pontifícia Universidade Católica do Rio Grande do Sul (PUC-RS).

No decorrer dos estudos dessas disciplinas, várias obras foram lidas, desde a Filosofia clássica até a Filosofia moderna. Em relação a Bachelard, a leitura do livro *A Formação do Espírito Científico* me chamou atenção, principalmente porque Bachelard não procura estabelecer a relação do saber, produzido pelos homens, com as coisas, mas a relação desses homens com seu próprio saber. A partir de então, busquei realizar a leitura de outras obras de Bachelard, dentre elas *A água e os sonhos,* agora sendo estudada, no sentido de compreender, nessa obra, o pensamento do filósofo.

Na Universidade (UFPA[1]), mantive contato com alguns professores do Instituto de Filosofia e do Instituto da Linguagem sobre Bachelard. Por meio desses contatos, tive a oportunidade de conhecer e aproximar-me da professora Albeniza de Carvalho e Chaves, professora de Teoria da Literatura, por ela gostar de Filosofia, tinha Bachelard como um de seus filósofos preferidos. Em razão disso, tivemos várias interlocuções, oportunidade em que me falou ter um trabalho realizado sobre Gaston Bachelard *A psicanálise do fogo;* Charles Mauron[2], De *Metáforas assombrosas a mitos pessoais* – publicado na Revista da Universidade Federal do Pará, ano II, n. 2, série 1, 1972, 1º semestre. Comentou, ainda, que continuava a estudar Bachelard, em a *Po*ética do Espaço e a *Poética do Devaneio.*

---

[1]  Universidade Federal do Pará.

[2]  MAURON, Charles (1899-1966). Crítico literário que fez uso de críticas literárias e psicanalíticas. Conhecido por seus livros: *Estética e Psicologia* e *Des métaphores obsedantes au mythe personel.*

O trabalho da professora consiste em uma breve exposição do método crítico bachelardiano, tomando por base o livro *A psicanálise do fogo*[3], bastante representativo do pensamento do filósofo francês, que nele apontou, com a teoria dos quatro elementos fundamentais – *água, ar, fogo e terra* –, a definidora do temperamento imaginário dos escritores, fornecendo novos caminhos para a crítica poética, permitindo melhor análise e compreensão das produções literárias.

Ressalte-se que se associou a Gaston Bachelard o também francês Mauron, autor *De Metáforas Ossombrosas a Mitos Pessoais*[4], cujo pensamento crítico tem incontestáveis raízes bachelardiana, apesar das várias divergências.

Com este trabalho, sobre *A água e os sonhos*, o que se pretende, voltando à obra de Bachelard, é mostrar como, em livros posteriores, o seu espírito inquieto e curioso, em permanente demonstração de instabilidade e insatisfação, voltou-se, quase aos 60 anos, para o estudo do fenômeno poético, "ao serviço do qual colocou um sólido aparato filosófico, um rigoroso espírito científico e um inesperado senso estético", de acordo com Paixão (1968, p. 83).

Após, *A psicanálise do fogo*, de 1938, Bachelard escreveu *Lautréamont*[5] , de 1939, *A água e os sonhos*[6], de 1942, *O ar e os sonhos*[7], de 1943, *A terra e os devaneios da vontade*[8] e *A terra e os devaneios do repouso*[9], ambos de 1945. Todos reunidos constituem a chamada teoria bachelardiana dos quatro elementos fundamentais, que estabelecem relações entre o espírito e a natureza, salientando, também, a nostalgia da infância na formação da imagem poética.

---

[3]  La Psychanalyse du feu.

[4]  Des métaphores obsédantes au mythe personel.

[5]  Lautréamont: Bachelard revela com maestria e perspicácia a linha de força da imaginação que emana do poema em prosa, de Isidore Ducasse, o Conde de Lautréamont.

[6]  L'eau et les rêves.

[7]  L'air et les songes.

[8]  La terre et les rêveries de la volonté.

[9]  La terre et les rêveries du repos.

Não hesitando em considerar os elementos como a matéria primeira da nossa substância afetiva, Bachelard soube descrevê-los, assim diz Boisdeffre[10] : *com a precisão de um sábio e o lirismo de um poeta.*

Ligam-se aos livros referidos mais dois outros, ambos de 1958, *A poética do espaço*[11] e *A poética do devaneio*[12], que, juntamente a de outras obras de Bachelard, como *A chama de uma vela*[13], *O direito de sonhar*[14], *A formação do espírito científico*[15] e *O novo espírito científico*[16], serão aqui mencionados ou citados, à medida que deles se precisar para esclarecer melhor certos aspectos da crítica do singular mestre francês.

Para facilitar o encontro dos livros de Bachelard nas referências, as obras mencionadas terão as seguintes abreviações, segundo as orientação de Jupiassú, 1976: *La Psychanalyse du feu* (PF); *Lautréamont* (LA) *L'eau et les rêves* (ER); *L'air et les songes* (AS); *La terre et les rêveries de la volonté* (TV); *La terre et les rêveries du repôs* (TR); *La poétique de l'espace* (PE); *La poétique de la rêverie* (PR); *La flamme d'une chandelle* (FC); *Le droit de revêr* (DR); *La formation de l'esprit scientifique* (FES); *Le nouvel esprit scientifique* (NES).

A tradução em português fará parte do corpo do trabalho; o original em francês constará nas notas de rodapé. Nas notas de rodapé, o leitor também encontrará o significado de algumas palavras para facilitar a compreensão do texto. Também, nas notas de rodapé, o leitor encontrará informações de todos os autores citados no decorrer do corpo do trabalho.

Para a efetivação do trabalho, foi de grande importância a participação de Bruna Guerreiros Martins, que fez a tradução do francês para o português, a fim de facilitar a compreensão do leitor.

---

[10] BOISDEFFRE, Pierre (1926-2002). Diplomata, homem de letras e crítico francês. Sua importante obra: *Métamorphose de la littérature.* Dois tomos e bem aceitos pela crítica. Tomo I: *De Barrès à Malraux.* Tomo II: *De Proust à Sartre.*

[11] La poétique de l'espace.

[12] La poétique de la rêverie.

[13] La flamme d'une chandelle.

[14] Le droit de rêver.

[15] La formation de l'esprit scientifique.

[16] Le nouvel esprit scientifique.

# O PERCURSO FILOSÓFICO E POÉTICO DE BACHELARD

*Quando um sonhador fala, quem fala, ele ou o mundo?*
*(Bachelard)*

A obra de Gaston Bachelard, no que diz respeito à sua vertente poética, pode ser considerada uma tentativa de compreensão do mundo, por parte daquele que, por *antonomásia*[17], mereceu o epíteto de *filósofo da imaginação*.

Para responder à questão proposta é preciso recorrer a dados bibliográficos do autor, não sem antes voltar no tempo e no espaço e relembrar, brevemente, a conhecida preocupação das *cosmogonias*[18] antigas com o papel dos quatro elementos - *água, ar, fogo* e *terra,* formadores do universo, responsáveis pela ordenação do caos em cosmo. Proviria este do elemento ígneo[19], do *gasoso,* do *líquido* ou *sólido*?

Deixando de lado os mitos sobre a criação do mundo e do homem, alguns filósofos* antigos tentaram compreender e explicar racionalmente a natureza, em função dos quatro elementos – *água, ar, fogo* e *terra* –, procurando substituir, por uma interpretação científica, a interpretação mágica e mitológica de épocas anteriores.

---

[17] Antonomásia: substituição de um nome próprio por um comum ou uma perífrase. Ex.: O cisne de Mântua (Vírgilio); o águia de Haia (Rui Barbosa). **Dicionário Aurélio da Língua Portuguesa,** 2010, p. 164.

[18] Cosmogonias: a origem ou formação do mundo, do universo conhecido. **Dicionário Aurélio da Língua Portuguesa,** 2010, p. 599.

[19] Ígneo: que é de fogo, ou semelhante ao fogo. **Dicionário Aurélio da Língua Portuguesa,** 2010, p. 1121.

As informações sobre os filósofos constam em BREHIER, E. **História da filosofia.** São Paulo: Mestre Jou, 1977.

Assim, Tales, do século VII a. C., da Escola de Mileto, considerava a água, o elemento úmido, o princípio do qual procederiam e ao qual retornariam todas as coisas. Dotada de fecundidade infinita, teria sido ela a matriz e origem de todos os seres.

Anaxímenes, do século VI a. C., último representante daquela escola, dava o *ar* como elemento primordial, a ele retornando todas as coisas por duplo movimento de condensação e rarefação.

Heráclito, de Éfeso, também do século VI a. C., julgava o *fogo* a substância primeira, por ser, de todas, a menos consistente, a que mais facilmente se transformava, representando melhor a natureza *movediça e contraditória do real.*

Empédocles, de Agrigento, do século V a. C., admitia não apenas um, mas os quatro elementos como substâncias primordiais ou *raízes* de todas as coisas, cujo nascimento corresponderia à combinação de todos eles e cuja morte resultaria de sua separação ou desintegração. A *terra* seria o suporte do estado sólido e da secura; a água, o do estado líquido e do frio; o *fogo,* de todos o mais sutil, como Heráclito já havia notado, corresponderia *ao fluído etéreo, suporte simbólico da luz, do calor e do movimento dos corpos.* Esses elementos antagônicos mostravam a oposição do *seco* e do úmido, do *frio* e do *quente.*

Repassadas, de maneira breve, as cosmogonias antigas referentes aos quatro elementos fundamentais, não será, agora, ocasião de indagar o que tem a ver com elas a teoria poética bachelardiana?

Sim, sem dúvida, é esta a ocasião. Mas a resposta não será dada de imediato, porque é também chegado o momento de passar aos dados biográficos de Gaston Bachelard, que trarão elementos auxiliares ao que se pretende responder.

Nascido em Bar-sur-Aube, em 1884, pequena cidade da região francesa da Champagne, Gaston Bachelard faleceu em Paris, em 16 de outubro de 1962, aos 78 anos de idade, vítima de uma congestão cerebral. De origem humilde (seu pai era sapateiro), foi, ele próprio, primeiramente carteiro e depois telegrafista nos Correios e Telégrafos, trabalhando de noite para estudar de dia, pois era seu propósito licenciar-se em matemáticas. A guerra de 1914 a 1918 alterou-lhe os planos, fazendo-o professor de Ciências e Filosofia no colégio de sua cidade natal, onde escreveu seu primeiro livro, *Ensaio sobre o conhecimento aproximado*[20], em 1927. Pouco depois, em 1930, chamou-o para seu corpo docente a Faculdade de Letras de Dijon e, em 1940, a Sorbonne.

Quando ainda em Dijon, publicou, em 1937, *A formação do espírito científico*. Por essa época, resolveu esboçar uma *tipologia da imaginação*, iniciada com o estudo sobre o *fogo*, logo seguido de mais três outros – os da água, do *ar* e da *terra* –, já mencionados na apresentação deste estudo.

Nesse conjunto de obras, Bachelard considerou os quatro elementos como os *arquétipos fundamentais do imaginário poético*. Deles as imagens poéticas retirariam sua forma e densidade e poderiam ser classificadas de acordo com o elemento em que se teriam inspirado. De modo bastante original e com rara sensibilidade poética, analisou o tipo de imaginação inspirado em cada elemento, apontando suas características específicas.

Ao falar do *fogo*, por exemplo, Bachelard, fundamentando-se na contradição, usa toda uma argumentação dialética para mostrar suas valorizações contrárias, princípio de vida e de morte, doçura e tortura, prazer e punição, verdadeiro deus tutelar e terrível, bom e mau a um só tempo, princípio de construção e de destruição do mundo. Salienta, ainda, o seu caráter socializante, pois tanto reúne os homens ao seu redor, diante das fogueiras ou das lareiras, nas festas, como sugere, ao solitário, "pensamentos e imagens sobre a questão do tempo. A presença do fogo contrasta o momento rápido e fugaz da chama com os sentimentos de eternidade", segundo Paixão (1982, p. 83).

Bachelard, de acordo com (Ramos, 1962), prosseguindo com o estudo da água, do *ar* e da *terra*, desenvolve toda uma filosofia dos quatro elementos e, com isso, vai renovar a estética e a própria compreensão da poesia. Partindo do princípio de que nesta exis-

---

[20] Essai sur la connaissance approchée.

tem forças que não sofrem o controle da razão, tentou criar uma *epistemologia*[21] não cartesiana da existência, não de uma única razão, mas de vários aspectos dela, o que levou críticos apressados a incluí-lo entre os psicanalistas e discípulos de Freud.

O próprio Bachelard, para provar que não era discípulo de Freud, escreveu, já com mais de 70 anos, *A poética do espaço*, livro em que não só recusa a classificação atribuída, como zomba da tentativa de uma explicação psicanalítica do fenômeno poético.

Realmente, embora tenha recorrido à psicanálise, Bachelard nunca pretendeu retomar com ela as teses freudianas e, sim, apenas "estendê-la a um domínio a que jamais tivera acesso - o da vida intelectual", de acordo com Ramos (1962, p. 10-11).

Na verdade, como já o reconheceu Japiassú (1976, p. 9-10), Bachelard

> [...] nos abriu dois caminhos para fazermos do mundo nossa provocação. Dois caminhos estranhamente iguais em perfeição: de um lado o da epistemologia, que é o universo científico explorado e legitimado pela reflexão; de outro, o do devaneio[22] poético. Ambos vão dar ao mesmo trevo, onde se compõem a função do real e a função do irreal: o saber e a criação. Razão e Imaginação andam juntas na pedagogia bachelardiana.

Nas suas reflexões, Bachelard soube dar, ao lado da ciência, um lugar para a poesia, por ele considerada uma linguagem capaz de ensinar mais do que um longo discurso. Em consequência, na sua *fenomenologia*[23], há duas vertentes do pensamento – a *científica*, ou do *homem diurno*, e a *poética*, ou do *homem noturno*. Se o primeiro pensa, raciocina e busca o conhecimento; o segundo sonha e, ao sonhar, reencontra, no sonho, os arquétipos fundamentais do pensamento humano.

---

[21] Epistemologia: estudo crítico dos princípios, das hipóteses e dos resultados das diversas ciências. É a teoria do conhecimento. **Dicionário Aurélio da Língua Portuguesa**, 2010, p. 817.

[22] Devaneio: fantasia, sonho, utopia. **Dicionário Aurélio da Língua Portuguesa**, 2010, p. 705.

[23] Fenomenologia: estudo dos fenômenos, daquilo que aparece à consciência buscando explorá-lo. BLACKBURN. **Dicionário Oxford de Filosofia**, 1997, p. 146.

Mas, que *sonho* é esse?

Não é sonho noturno, impessoal, mas o sonho de quem está acordado, aquele em que um EU sonho e o *cogito*[24] existe. É, na verdade, o *devaneio* (rêverie) e, segundo palavras do próprio filósofo, o *devaneio cósmico* (rêverie cosmique), fenômeno de solidão, enraizado na alma do sonhador e que o situa em um mundo, não em uma sociedade. É um *estado*, um *estado de alma*.

Bachelard procurou sempre e em toda parte um elo primordial entre o homem e o mundo. E o fez mesmo em suas construções racionais ou científicas, por estar profundamente convencido de que nada pode ser estudado ou conhecido se antes não tiver sido sonhado.

Consciente da universal dimensão *onírica*[25] das coisas, bem como da anterioridade psíquica das imagens em relação às ideias, recomendava aos filósofos e cientistas que jamais se esquecessem dos poetas, pois as coisas só são conhecidas quando evocada a história de seu caráter imaginário.

Afirmando que todas as coisas precisam ser compreendidas em *anima*, Bachelard lia os poetas, não para se esquecer dos filósofos e dos cientistas, "mas para compreendê-los mais profundamente, a partir de seu interior", como afirma Jupiassú (1976, p. 11).

Suas reflexões, solitárias e profundas, eram sempre realizadas em dupla perspectiva – em *anima* e em *animus*[26]. A isso chamaram, diz Jupiassú, o *androginismo*[27] de Bachelard, que considerava o equilíbrio do masculino e do feminino condição indispensável de lucidez e de felicidade para cada ser.

Essa doutrina da bipolaridade *alma/espírito* Bachelard tomou emprestado de Jung[28]. Exprimindo a permanência, em

---

[24] Cógito: pensar, refletir. TORRINHA. **Dicionário Latino Português**, 1972, p. 159.

[25] Onírico: diz respeito ao caráter e à natureza dos sonhos. **Dicionário Aurélio da Língua Portuguesa**, 2010, p. 1509.

[26] Anima: princípio vital; Animus: princípio pensante. TORRINHA. **Dicionário Latino Português**, 1942, p. 57-58.

[27] Androginismo: mistura de características femininas e masculinas em um único ser. **Dicionário Aurélio da Língua Portuguesa**, 2010, p. 143.

[28] JUNG, Carl Gustav (1875-1961). Psiquiatra suíço, fundador da escola de Psicologia Analítica. A publicação de seu livro *Transformações e símbolos da Libido* significou o início de suas divergências

todo homem, da androgenia primitiva, ele serve de justificativa ao bom uso do devaneio. E o próprio filósofo fornece a chave dessa androgenia, ao dizer:

> É ao animus que pertencem os projetos e as preocupações, duas formas de não estar presente em si mesmo. À anima pertence o devaneio, que vive o presente das imagens felizes. Nas horas felizes, experimentamos um devaneio que se alimenta de si mesmo, que se mantém como a vida se mantém. As imagens tranquilas, presentes daquela grande despreocupação que é a essência do feminino, mantêm-se, equilibram-se na paz da anima[29]. (Bachelard, 1968, p. 55).

E, mais adiante, acrescentando que as imagens da água dão a todo sonhador embriaguez de feminilidade, conclui Bachelard: *Quem é marcado pela água, mantém uma fidelidade à sua anima*[30] (1968, p. 55).

Para Jupiassú (1976, p. 116, grifos meus), a obra de Bachelard "é uma extraordinária ilustração desse duplo princípio, *imanência e transcendência, imaginação e razão*". E a compreensão de toda ela, tanto científica quanto poética, deverá ser feita em sua dupla polaridade psíquica, por um *cogito* ao mesmo tempo sonhador e plenamente "em estado de vigília, quer dizer, por um homem ao mesmo tempo diurno e noturno" (Jupiassú, 1976, p. 117).

Desde o início, nota-se, na obra bachelardiana, sobretudo no referente aos quatro elementos, um gosto específico pela *imaginação,* considerada a função primordial do psiquismo.

---

com Freud, que culminariam com o afastamento de Jung do movimento psicanalítico. O relacionamento de Jung com Freud acabou de vez quando Jung publicou *Psicologia do Inconsciente,* no qual faz alguns argumentos contra as ideias de Freud.

[29] C'est à l'animus qu'appartiennent les projets et les soucis, deux manières de ne pas être présent à soi-même. A l'anima appartient la rêverie qui vit le présent des heureuses images. Dans les heures heureuses, nous connaissons une rêverie qui se nourrit d'elle-même, qui s'entretient comme la vie s'entretient. Les images tranquilles, dons de cette grande insouciance qui est l'essence du féminin, se soutiennent, s'équilibrent dans la paix de l'anima. (Bachelard, 1968, p. 55).

[30] Qui est marqué par l'eau, garde une fidélité à son anima. (anima : pode ser entendida como alma/componenete feminino da personalidade de todos os seres humano. (Bachelard, 1968, p. 55).

Jean Lescure[31], seu ex-discípulo na Sorbonne, conta que, em suas últimas aulas, Bachelard, "numa verdadeira agressão ao passado e ao envelhecimento, clamava: Morte à memória. Mesmo que ela evoque momentos felizes, nossa infância, nossos amores, nossos momentos maravilhosos. A imaginação precisa criar em nós uma infância, um amor, uma aventura, um maravilhamento. Memória e imaginação são assim os elementos de uma batalha psicológica". Ungaretti[32] viu bem isso. "Para ele, uma obra deve consumir a memória e não se dar ao passado. A memória não dá imagens, apenas fantasmas. A imaginação absoluta é o seu contrário e vai adiante. Mesmo quando vos dá coisas do passado, o verdadeiro poeta vos oferece o devir"[33].

Na vertente poética de Bachelard, é indispensável ressaltar, como já o fez Japiassú, a importância da imaginação para a poesia, que tem nela a sua infraestrutura essencial, tal como o pensamento tem a sua no trabalho de pesquisa. Energética e precedente à memória, ela é uma origem, não transmitindo pensamento anterior. Liberta-nos de tudo o que é convencional, mundano superficial, e nos faz mergulhar na profundeza das coisas e descobrir as forças vivas da natureza.

Para Bachelard, a psicanálise procura a realidade sobre a imagem, esquecendo-se de proceder em sentido inverso, isto é, deixando de buscar a positividade da imagem sobre a realidade, já que a imagem não pode lembrar antigos arquétipos do inconsciente. Ela se enraíza na experiência material elementar e daí o papel importante, essencial mesmo, que os elementos – água, *ar*, *fogo* e *terra* – desempenham na vida interior do homem e, consequentemente, na sua expressão poética.

E aqui se pode perceber a ligação da teoria poética bachelardiana com as cosmogonias antigas: enquanto estas procura-

---

[31] LESCURE, Jean Albert (1912-2005). Escritor, crítico poético, apaixonado pelas artes. Pediu um texto a BACHELARD, Gaston: **Um momento poético e um momento metafísico**, que orientará a reflexão do filósofo para o imaginário poético.

[32] UNGARETTI, Giuseppe (1888-1970). Ungaretti introduziu o hermetismo. A nova tendência, inspirada tanto no simbolismo como no futurismo, eliminou a estrutura da sintaxe e da pontuação. Algumas de suas obras: *Alegria do Naufrágio; A Alegria; Sentimento do Tempo*.

[33] Notas de Jean Lescure, fornecidas a Geraldo Ferraz.

vam explicar o mundo dando-o como matriz um dos elementos fundamentais ou os quatro, conjuntamente (como no caso de Empédocles), Bachelard vai encontrar neles a explicação para o aparecimento das imagens que povoam o universo poético de determinado artista. Essas imagens estariam ligadas ao elemento ígneo, ao *líquido*, ao *gasoso* ou ao *sólido*, conforme fosse o poeta marcado, de maneira predominante, por qualquer um deles, já que os outros não deixariam de estar presentes também, embora com menor frequência ou intensidade.

E se a imaginação é o espírito enquanto voltado para o corpo e misturado com o mundo (Jupiassú 1976, p. 24), justifica-se, então, a pergunta de epígrafe: *quando um sonhador fala, quem fala, ele ou o mundo?*

De um lado há os cientistas e o internacionalismo da ciência, do outro, existe a solidão do artista, revivendo em suas imagens e em seus sonhos o drama do mundo. É ele que, de fato, cria mais. Como afirma Jupiassú (1976, p. 25, grifos meus), Bachelard diz:

> A Imaginação *começa* e a Razão *recomeça*. Ambas nos fazem aceder ao universo do espírito, isto é, a uma realidade superior. Esta pode parecer irreal porque é negadora da percepção comum. Na verdade, porém, é mais profundamente *surreal*. O verdadeiro mundo de Bachelard é o da *surrealidade*. É por isso que ele diz que o homem é este ser que tem o poder de despertar as fontes. É este poder inesgotável que está na origem, tanto do aspecto polêmico da razão científica, quanto do aspecto criador da imaginação poética: quando uma criança começa a pensar, ela cria um mundo.

Essa surrealidade é a apreensão da própria realidade, de modo mais profundo, e tem por função dinamizar o espírito. Não se sonha com ideias ensinadas e o homem, ser entreaberto, cuja vocação é a transparência, ao criar desata ansiedades, *porque criar é superar uma angústia*, segundo o velho filósofo. E o belo não é um simples arranjo. Requer uma conquista. O mundo deixa de ser opaco quando olhado pelo poeta, *porque este*, sabendo *ver e olhar, lhe dá mobilidade.*

Em 1962, o filósofo da imaginação deixou o mundo dos vivos. Ramos (1962), em artigo intitulado "A Poética de Bachelard", assim se expressou:

> Morreu Gaston Bachelard. Vejo-o, ainda, no grande anfiteatro da Sorbonne, velhinho de barba patriarcal, de olhos maliciosos escondidos pelas sobrancelhas espessas, semeando obstáculos no caminho dos doutorandos, com ar manso e maroto de quem sabe que, embora embarace momentaneamente o candidato, lhe está prestando um enorme serviço, permitindo-lhe elevar-se ao seu nível e discutir as grandes questões que podem dar brilho a um doutoramento. Este velho professor de quase 80 anos era o mais jovem dos críticos e um paradoxo vivo. A sua carreira foi uma permanente demonstração da instabilidade, da insatisfação, da insaciável curiosidade de espírito que caracterizam os grandes criadores. Partindo de uma condição proletária, conseguiu atingir o ponto mais alto do ensino francês: catedrático da Sorbonne.

Esse retrato pode ser complementado pelo de Dagonet[34], em seu livro *Gaston Bachelard – sua vida, sua obra, com uma exposição de sua filosofia*:

> Filósofo, ele o é plenamente, em todos os sentidos da palavra, mas nunca deixa de ironizar sobre a filosofia. Malicioso como pessoa, polemista ardente, até mesmo impetuoso, é também o mais terno, o mais afável, o mais pacifista. Obstinado até o ponto da teimosia, ele deu testemunho de flexibilidade surpreendente. Corajosamente solitário, sozinho em suas lutas, seus sonhos e seu trabalho, foi um

---

[34] DAGONET, François (1924-2015). Filósofo francês do século XX. Professor de Filosofia na Universidade de Lyon antes de se tornar professor de Filosofia na Universidade Pantheon-Sorbonne. Obras: *Etienne-Jules Marey: A Passion for the Trace; Autour de Hegel: Hommage à Bernard Bourgeois.*

conversador deslumbrante, um facilitador para todos, um professor fora de série. Com certeza não podemos encerrá-lo em uma atitude ou em uma característica: à semelhança de uma vida que por si só é montanhosa, com relevos e planícies[35]. (Dagonet, 1965, p. 4).

Bachelard leu muito. Foi um devorador de livros, um incansável estudioso da Literatura. E como deve ser considerado: um crítico literário ou um filósofo que nos ensina a ler, de maneira nova?

Tentar-se-á, agora, um caminho para responder às perguntas formuladas, esclarecendo, porém, que o objetivo principal deste estudo será expor o pensamento bachelardiano na teoria poética dos quatro elementos fundamentais, a partir do livro *A água e os sonhos*. Ficou de lado *A psicanálise do fogo*, livro que deverá ser estudado em outra oportunidade.

---

[35] Gaston Bachelard - sa vie, son œuvre avec un exposé de sa philosophie: Philosophe, il l'est pleinement, dans tous les sens du terme, mais il ne cesse d'ironiser sur la philosophie. Malicieux comme personne, polémiste ardent, impétueux même, il est aussi le plus tendre, le plus débonnaire, le plus pacifiste. Obstiné jusqu'à la crânerie, il a donné le témoignage d'une étonnante souplesse. Courageusement solitaire, seul dans ses combats, ses rêves et son travail, il fut un éblouissant causeur, un animateur pour tous, un professeur hors série. Décidément, on ne peut l'enfermer ni dans une attitude ni sous un trait: à l'image d'une vie elle-même vallonnée, avec des reliefs et des plaines. (DAGONET, 1965, p. 4).

# 2

# A ÁGUA SEM PSICANÁLISE

> *Mais do que pensamentos claros e imagens conscientes, os sonhos dependem dos quatro elementos fundamentais.*
> *(Bachelard)*

Ao prefaciar o livro de Vicent Therrien[36] – *A revolução de Gaston Bachelard na crítica literária*[37] –, Jean Lacroix[38] indaga se o mestre francês, depois de haver diagnosticado o novo espírito científico, vai partir para a descoberta de novo espírito literário, inaugurando uma crítica destinada a renovar o conhecimento da Literatura.

Por sua vez, o autor do livro mostra que Bachelard foi, em Literatura, o primeiro analista, o primeiro crítico da criação, aquele que melhor soube separar as generalidades para reencontrar os elementos universais da explicação. E como crítico da criação, foi também crítico da imagem, talvez mesmo o iniciador de uma civilização da imagem.

Pergunta-se, então: que é imagem, para Bachelard? Antes, é preciso saber o seu conceito de *imaginação*.

Logo na introdução de *O ar e os sonhos,* intitulada *Imaginação e mobilidade*[39], Bachelard, recusando-se aceitar o conceito geral, baseado em falsa etimologia, que dá a imaginação como a faculdade de formar imagens, esclarece:

---

[36] THERRIEN, Vicent. **La revolution de Gaston Bachelard en critique littéraire**. 1. ed. Paris: Klincksieck, 1970, p. 349.

[37] La révolution de Gaston Bachelard en critique littéraire.

[38] LACROIX, Jean de. (1900-1986). Professor, filósofo. Fundou em Dijon um dos grupos mais antigos e mais animados da Esprit, no qual ele encontra várias pessoas, incluindo jovens e professores, cristãos e socialistas. Um homem aberto a todas as correntes do pensamento contemporâneo do existencialismo ao estruturalismo, do marxismo à psicanálise. Algumas de suas obras: Le sens du dialogue; Kant et le kantisme.

[39] Imagination et mobilité.

> *No entanto, ela é antes de mais nada a faculdade de distorcer as imagens proporcionadas pela percepção, ela é sobretudo a faculdade de nos libertar das imagens primárias, de mudar as imagens. Se não há mudança de imagens, união inesperada de imagens, não há imaginação, não há ação imaginativa. Se uma imagem presente não faz pensar em uma imagem ausente, se uma imagem ocasional não determina uma profusão de imagens aberrantes, uma explosão de imagens, não há imaginação. Há percepção, memória de uma percepção, memória familiar, hábitos de cores e formas[40].*

E para melhor esclarecer o seu pensamento, acrescenta que o vocábulo fundamental, correspondente de imaginação, não é *imagem*, mas *imaginário*, já que o valor de uma imagem é medido pela extensão de sua auréola imaginária.

> *Graças ao imaginário, a imaginação é essencialmente aberta, evasiva. Está no psiquismo humano, a própria experiência da abertura, a própria experiência da novidade. Mais do que qualquer outra potência, ela especifica o psiquismo humano. Como Blake proclama: a imaginação não é um estado, é a própria existência humana[41].*

Bachelard estuda, e o faz com precisão, diz Lacroix (1944), o ponto de partida da imagem no espírito do criador. A seu ver, a imagem poética não é o resultado de um impulso. Nasce do nada, tal como o mundo e, em seu sentido mais profundo, é o estilo do escritor, é do homem mesmo. Se as metáforas têm por função transmitir um pensamento anterior, um pensamento já pronto, a imagem, ao contrário, é criadora de pensamentos.

---

[40] Or, elle est plutôt la faculté de déformer les images fournies par la perception, elle est surtout la faculté de nous libérer des images premières, de changer les images. S'il n'y a pas changement d'images, union inattendue des images, il n'y a pas imagination, il n'y a pas d'action imaginante. Si une image présente ne fait pas penser à une image absente, si une image occasionnelle ne détermine pas une prodigalité d'images aberrantes, une explosion d' images, il n'y a pas imagination. Il y a perception, souvenir d'une perception, mémoire familière, habitude des couleurs et des formes (AS, p. 7).

[41] Grâce à l'imaginaire, l'imagination est essentiellement ouverte, évasive. Elle est dans le psychisme humain l'expérience même de l'ouverture, l'expérience même de la nouveauté. Plus que toute autre puissance, elle spécifie le psychisme humain. Comme le proclame Blake: L'imagination n'est pas une état, c'est l'existence humaine elle même (AS, p. 7-8).

Bachelard aprofunda a noção de estilo, encontrando este no desvelamento ou na revelação do ser; a imagem passa a ter valor *ontológico*[42] . Ele descobre nos escritores um estilo singular, que participa de uma organização muito geral do imaginário.

E agora é tempo de voltar à água e a seus sonhos.

Na introdução – *Imaginação e matéria*[43] – de seu livro sobre a água, Bachelard, após declarar que este é um novo exemplo, posterior à *A psicanálise do fogo* da lei dos quatro elementos poético, esclarece as razões de não ter dado à nova obra o título de *A psicanálise da água*[44.] Por uma obrigação de sinceridade, diz o velho crítico-filósofo, escolheu um título mais vago – *A água e os sonhos*. E explica que, para falar de Psicologia, precisaria classificar as imagens originais e, ainda, indicar e separar os complexos ligados a desejos e sonhos, o que acreditava já haver feito ao tratar do fogo, quando procedera à psicanálise do conhecimento objetivo e do conhecimento imaginado. Isso o tornara racionalista, em relação àquele elemento. E completa: *A sinceridade nos obriga a confessar que não alcançamos a mesma recuperação no que diz respeito à água. Ainda vivemos as imagens da água, nós as vivemos sinteticamente na sua complexidade primária, muitas vezes dando-lhes nossa adesão irracional*[45].

Outra razão, menos sentimental e menos pessoal, Bachelard apresenta para não ter intitulado seu segundo estudo – *A psicanálise da água:* não se sentir suficientemente preparado para fazer, além de uma psicologia da água, uma fisiologia da água onírica, pois precisaria de cultura médica e, sobretudo, de experiência de neuroses. De sua parte, para conhecer o homem só dispunha da leitura, que o julga a partir do que escreve: *Nos*

---

[42]  Ontológico vem de ontologia: o estudo das propriedades mais gerais do ser. (BLACKBUR. **Dicionário Oxford de Filosofia**, 1977, p. 274).

[43]  L'imagination et matière.

[44]  La psychanalyse de l'eau.

[45]  La sincerité nous oblige à confesser que nous n'avons pas réussi le même redressement à l'égard de l'eau. Les images de l'eau, nous les vivons encore, nous les vivons synthétiquement dans leur complexité première en leur donnant souvent notre adhésion irraisonnée (ER, p. 10).

*humanos, o que mais amamos é o que podemos escrever sobre eles. Aquilo que não pode ser escrito merece ser vivido?*[46].

Bachelard termina esclarecendo que o livro não pode ser incluído no rol dos estudos de uma psicanálise exaustiva. Sua finalidade é dupla: determinar a substância das imagens poéticas e a conveniência das formas para as matérias fundamentais. Por tudo isso, o livro permanece um ensaio de estética literária.

Exprimindo-se filosoficamente, o autor distingue dois tipos de imaginação – uma primeira, que dá vida à *causa formal* e, uma outra, que dá vida à *causa material*, ou, de maneira mais breve, uma *imaginação formal* e uma *imaginação material*, a última indispensável a um estudo completo da criação poética, se encarada esta sob o ponto de vista filosófico.

Após todos esses esclarecimentos, Bachelard vai apresentar o plano geral de seu livro sobre a água. Esclarece, logo, que para mostrar bem o que é um eixo da imaginação materializante, começará pelas imagens que materializam o mal, as imagens superficiais, que se movem à superfície dos elementos, sem deixar à imaginação tempo para trabalhar a matéria.

Dos oito capítulos que compõem o livro, o primeiro é dedicado às águas claras, primaveris, brilhantes, fornecedoras de imagens fugazes e fáceis, mas que, graças à unidade do elemento, se ordenam e se organizam.

O título do capítulo dá bem ideia de como o assunto vai ser tratado: *As águas claras, as águas primaveris e as águas correntes. As condições objetivas do narcisismo. As águas amorosas.* A água não é estudada somente como um grupo de imagens conhecidas, imediatas, mas como um suporte de imagens, um princípio fundador delas. Pode-se prever, então, a passagem de uma *poesia das águas* para uma *poética da água*; passa-se, portanto, de um plural a um singular. E a água, numa compreensão mais profunda, acaba se tornando um elemento da imaginação materializante.

---

[46] De l'homme, ce que nous aimons par-dessus tout, c'est ce qu'on en peut écrire. Ce qui ne peut être écrit mérite-t-il d'être vécu? (ER, p. 14).

Ainda nesse capítulo, Bachelard vai falar de um complexo ligado à água, a que chama de *complexo do cisne*, ideal de brancura e de graça, em que as águas amorosas e leves encontram um símbolo bem fácil de psicanalisar.

No segundo capítulo – *As águas profundas. As águas dormentes. As águas mortas. A água pesada* no devaneio de Edgar Allan Poe[47] –, Bachelard proclama sua certeza de ter atingido o *elemento*, a água substancial, a água sonhada em sua substância, matéria original a que estão ligadas ambivalências profundas e duradouras. E tão constante é essa propriedade psicológica que se pode enunciar, como lei primordial da imaginação, a recíproca: *uma matéria que a imaginação não pode trazer à vida duplamente,* não pode desempenhar o papel psicológico de matéria original[48]. Agrupando as imagens e dissolvendo as substâncias, a água ajuda a imaginação em sua tarefa de *desobjetivação* e de *assimilação*.

É conveniente, aqui, ceder a palavra ao próprio Bachelard, transcrevendo, textualmente, o que ele diz a respeito dessa tarefa da água:

> *Ela traz também uma espécie de sintaxe, um encadeamento contínuo de imagens, um movimento suave de imagens que desconecta o devaneio ligado aos objetos. É assim que a água elementar da meta-poética de Edgar Allan Poe põe em movimento um universo singular. Ela simboliza com um heraclitismo lento, suave e silencioso como o óleo. A água então sofre uma perda de velocidade, que é uma perda de vida; ela se torna uma espécie de mediador plástico entre a vida e a morte[49].*

---

[47] POE, Edgar Allan (1809-1849). Deixou diversos poemas, contos, romances, temas policiais e de horror. É considerado o criador do conto policial, e suas obras foram um marco para a literatura norte-americana contemporânea, influenciando posteriormente diversas gerações de escritores. Algumas de suas obras: *O corvo; Aventuras de Arthur Gordon Pym.*

[48] une matière que l'imagination ne peut faire vivre doublement ne peut jouer le rôle psychologique de matière originelle (ER, p. 16).

[49] Elle apporte aussi un type de syntaxe, une liaison continue des images, un doux mouvement des images qui désancre la rêverie attachée aux objets. C'est ainsi que l'eau élémentaire de la métapoétique d'Edgar Poe met un univers en mouvement singulier. Elle symbolise avec un héraclitéisme

E Bachelard acrescenta que lendo Allan Poe se compreende, mais intimamente, a estranha vida das águas mortas, e a linguagem ensina a mais terrível das sintaxes, a sintaxe das coisas que morrem – *a vida agonizante.*

Intitula-se o terceiro capítulo, *O complexo*[50] *de Caronte. O Complexo de Ofélia.* Nele está bem caracterizada a tríplice sintaxe da vida, da morte e da água, nos chamados complexos de *Caronte* e de *Ofélia,* que simbolizam, ambos, o pensamento de nossa última viagem e de nossa dissolução final. O desaparecimento, quer nas águas profundas, quer no longínquo horizonte, nada mais é do que o próprio destino humano, que tem sua imagem no destino das águas.

Determinados os caracteres superficiais e profundos da água *imaginária*, torna-se possível estudar a composição desse elemento com outros da imaginação material. É o que faz o quarto capítulo, *As águas compostas.*

Há certas formas poéticas que se nutrem de uma dupla matéria e, em consequência, um duplo materialismo trabalha, frequentemente, a imaginação material. Há devaneios em que a água aparece como elemento fundamental das misturas. Por isso, importa dar atenção à combinação da água e da terra, combinação que encontra na massa (pasta) o seu pretexto realista e faz com que ela se torne o esquema fundamental da materialidade. A própria noção de matéria, acredita Bachelard, está estreitamente solitária à noção de massa. Ele lembra, ainda, que, embora a água possa se misturar a outros elementos, o verdadeiro tipo de composição é, para a imaginação material, a composição da água e da terra.

*A água maternal* e a *água feminina* é o título do quinto capítulo, no qual Bachelard diz que, para o inconsciente, toda combinação dos quatro elementos materiais é um casamento. Se isso for bem

---

lent, doux et silencieux comme l'huile. L'eau éprouve alors une perte de vitesse, qui est une perte de vie; elle devient une sorte de médiateur plastique entre la vie et la mort (ER, p. 19).

[50] Complexo: construção composta de numerosos elementos interligados ou que funcionam como um todo. **Dicionário on-line.**

compreendido, compreender-se-á, também, porque a *imaginação ingênua* e a *imaginação poética* atribuem à água caráter quase sempre feminino, e sentir-se-á a sua profunda maternidade.

Matéria que por toda parte nasce e cresce, a água faz jorrar as fontes de maneira irresistível e continua suscitando infindáveis devaneios.

A água, como objeto de uma das maiores valorizações humanas – a valorização da pureza – cujas imagens são por ela acolhidas na totalidade, em toda força do seu simbolismo, é estudada no capítulo sexto – *Pureza e Purificação – A moral da água*. E ligado a esse problema da pureza ontológica está o comportamento dos mitólogos, unânimes em reconhecer a soberania da água doce sobre a salgada. Bachelard trata o assunto no capítulo sétimo, intitulado *A supremacia da água doce*.

Finalmente, o último capítulo, o oitavo – *A água violenta* –, aborda o problema da psicologia da água por vias muito diferentes. O autor adverte que o capítulo não será propriamente um estudo *da imaginação material* e sim um estudo da *imaginação dinâmica*.

Em sua violência, a água recebe facilmente todos os caracteres de um tipo de cólera que o homem se gaba de domar. Isso faz com que a água violenta se torne, em breve, a água violentada. *Um duelo perverso começa entre o homem e as ondas. A água se ressente, muda o sexo. Tornando-se perversa, ela se torna masculina. Eis aqui, sob uma nova forma, a conquista de uma dualidade inscrita no elemento, novo signo do valor original de um elemento da imaginação material!*[51]

A conclusão do livro – *A palavra da água*[52] – pretende mostrar a água como ser total, possuidor de um corpo, de uma alma e de uma voz, o que a torna, talvez, mais do que qualquer elemento, *uma realidade poética completa*.

---

[51] Un duel de méchanceté commende entre l'homme et les flots. L'eau prend une rancune, elle change de sexe. En devenant méchante, elle devient masculine. Voilà sur un mode nouveau, la conquête d'une dualité inscrite dans l'élément, nouveau signe de la valeur originelle d'un élément de l'imagination matérielle! (ER, p. 21).

[52] La parole de l'eau...

Bachelard esclarece, ainda, que tomou da poesia a maior parte de seus exemplos porque, a seu ver, *toda a psicologia da imaginação só poderia se iluminar atualmente pelos poemas que ela inspira*[53].

Se exatas suas análises, admite Bachelard, deverão ajudar a passagem da *psicologia do devaneio comum* à *psicologia do devaneio literário,* psicologia estranha que ultrapassa, sistematicamente, o sonho inicial, permanecendo, contudo, fiel a realidades oníricas elementares. E conclui:

> *Para ter aquela constância do sonho que dá um poema, é necessário ter mais do que imagens reais diante dos olhos. É preciso seguir essas imagens que nascem em nós mesmos, que vivem em nossos sonhos, essas imagens carregadas de um rico e denso material onírico, que é alimento inesgotável para a imaginação material.*[54]

---

[53] toute psychologie de l'imagination ne peut actuellement s'éclairer que par les poèmes qu'elle inspire (ER, p. 23).

[54] Pour avoir cette constance du rêve qui donne un poème, il faut avoir plus que des images rélles devant les yeux. Il faut suivre ces images qui naissent en nous-même, qui vivent dans nos rêves, ces images chargées d'une matière onirique riche et dense qui est un aliment inépuisable pour l'imagination matérielle (ER, p. 27).

# A ÁGUA E SUAS IMAGENS

*O verdadeiro olho da terra é a água.*
*Em nossos olhos, é a água que sonha.*
*(Bachelard)*

A primeira advertência feita por Bachelard, ao tratar das águas claras e primaveris, é a de que as imagens das quais elas são o pretexto, ou a matéria, não têm a solidez das imagens fornecidas pela terra e nem a vida vigorosa das do fogo. Isso porque tais águas não constroem *verdadeiras mentiras*, e só uma alma demais perturbada se enganaria com suas miragens.

As quimeras ou as fantasias da água estão ligadas, habitualmente, a ilusões factícias de uma imaginação que quer, apenas, divertir-se e, em consequência, geram metáforas comuns, fáceis e abundantes, animam uma poesia subalterna, frequentemente encontrada nos poetas secundários. Elas não despertam emoções profundas – como certas imagens do fogo e da terra, pois são frias e deixam impressão de fugacidade. *A imaginação material da água está sempre em perigo, corre o risco de ser apagada quando as imaginações materiais da terra ou do fogo intervêm. Uma psicanálise das imagens da água é, portanto, raramente necessária, uma vez que essas imagens se dispersam por conta própria. Não é qualquer sonhador que elas enfeitiçam*[55].

Há, porém, adverte Bachelard, certas formas nascidas das águas mais atraentes e mais insistentes e consistentes, resultantes

---

[55] L'imagination matérielle de l'eau est toujours en danger, elle risque de s'effacer quand intervient les imaginations matérielles de la terre ou du feu. Une psychanalyse des images de l'eau est donc rarement nécéssaire puisque ces images se dispersent d'elle-mêmes. Elles n'ensorcellent pas n'importe quel rêveur (ER, p. 30).

da intervenção de devaneios mais profundos, em que o ser íntimo se engaja mais a fundo e em que a imaginação sonha mais de perto com o ato criador. Então, a força poética, antes não sentida numa poesia de reflexos, aparece subitamente, e a água se torna pesada, escura, aprofunda-se, materializa-se. *E eis que o devaneio, ao se materializar, ao unir os sonhos de água com devaneios menos móveis, mais sensuais, eis que o devaneio acaba por construir sobre a água, sentir a água com mais intensidade e profundidade*[56].

Mas, a *materialidade* e a *densidade* de certas imagens da água, capazes de distinguir uma poesia superficial de outra profunda, só serão bem avaliadas quando se passar dos *valores sensíveis* aos *valores sensuais*: os últimos dão *correspondências* e os primeiros, somente *traduções*.

Sendo a visão a menos sensual de todas as sensações, Bachelard vai começar por ela a sua poética da água, considerando esta primeiramente no seu simples *aparecimento*, a que corresponderia uma vontade narcísica de *ver* e de se *mostrar*. Essa vontade que a água tem de aparecer simboliza vontade idêntica do sonhador que a contempla. Para essa reciprocidade dialética, a psicanálise, segundo Bachelard, ainda não prestara atenção, embora tenha assinalado, no mito de Narciso, o amor do homem por sua própria imagem refletida nas águas tranquilas. Ao mirar-se, o homem não apenas se vê e se mostra, como se prepara para seduzir. De fato, o rosto humano é, antes de tudo, um instrumento que serve para seduzir. A esse gosto pela sedução, o crítico chama *narcisismo ativo*.

Para desenvolver uma *psicologia do espelho* seria preciso, diz Bachelard, escrever um livro inteiro. No momento, ele se contenta em assinalar a ambivalência profunda do narcisismo, que passa dos traços masoquistas aos sadistas, vivendo uma contemplação que lamenta, consola e ataca, ao mesmo tempo. *Ao ser diante do espelho,*

---

[56] Et voici que la rêverie matérialisante, unissant les rêves de l'eau à des rêveries moins mobiles, plus sensuelles, voici que la rêverie finit par construire sur l'eau, par sentir l'eau avec plus d'intensité et de profondeur (ER, p. 30).

*sempre se pode fazer a dupla pergunta: para quem você se mira? Contra quem você se mira? Você ganha confiança em sua beleza e sua força?*[57]

Perguntas tão curtas mostram logo o caráter complexo do narcisismo. Para estudá-lo bem, seria preciso compreender, de início, a utilidade psicológica do espelho das águas, cujo reflexo tem natureza profunda, sugere o infinito do sonho. Já os espelhos manejáveis, civilizados e geométricos em demasia, são pouco adaptáveis à vida onírica.

Citando Lavalle[58], que já assinalara a natureza profunda do reflexo aquático, e a influência dos sonhos por ele sugeridos, Bachelard transcreve um trecho do livro *O erro de Narciso,* ora repetido:

> *Se imaginarmos Narciso na frente do espelho, a resistência do vidro e do metal impõe uma barreira aos seus esforços. Contra ela, ele bate sua testa e seus punhos; ele não encontra nada se contorná-lo. O espelho aprisiona dentro dele um outro mundo que lhe escapa, onde ele se vê sem poder se alcançar e que está separado dele por uma falsa distância que ele pode estreitar, mas nunca cruzar. Por outro lado, a fonte é para ele um caminho aberto.*[59]

O reflexo, vago e desmaiado, do espelho da fonte sugere *idealização,* dá asas a uma *imaginação aberta*, que leva Narciso a sentir que sua beleza *continua*, não está completa e precisa ser acabada.

Os espelhos de vidro, ao contrário, dão uma imagem demasiado estável. *Eles voltarão a ser vivos e naturais quando pudermos*

---

[57] A l'être devant le miroir on peut toujours poser la double question: pour qui te mires-tu? Contre qui te mires-tu? Prends-tu confiance de ta beauté et de ta force? (ER, p. 32).

[58] LAVELLE, Louis (1883-1951). Filósofo francês. Em seus escritos, abordou temas como a axiologia, a estética, o problema do mal, a moral e a liberdade do espírito. Foi membro da Académie des Sciences Morales et politiques. Algumas de suas obras: *La Dialectique du Monde Sensible; L'Erreur de Narcisse.*

[59] L'erreur de Narcisse: Si l'on imagine Narcisse devant le miroir, la résistence de la glace et du métal oppose une barrière à ses entreprises. Contre elle, il heurte son front et ses poings; il ne trouve rien s'il en fait le tour. Le miroir emprisonne en lui un arrière-monde qui lui échappe, où il se voit sans pouvoir se saisir et qui est séparé de lui par une fausse distance qu'il peut rétrécir, mais non point franchir. Au contraire, la fontaine est pour lui un chemin ouvert... (ER, p. 32).

*compará-los à água viva e natural, quando a imaginação renaturalizada puder receber a participação dos espetáculos da fonte e do rio*[60].

E assim se percebe, diz Bachelard, um dos elementos do sonho *natural* – a necessidade de se inscrever profundamente na natureza. Não é com os *objetos* que se sonha de maneira profunda, mas com as matérias. E um poeta que começa pelo espelho deve chegar à água da fonte se quiser atingir uma *experiência poética completa,* que ficará sob a dependência da experiência onírica.

Narciso vai à fonte, escondida no fundo do bosque, e, refletindo-se em suas águas, tem a revelação de sua identidade, de sua dualidade, de seus duplos poderes (masculino e feminino), mas, sobretudo, tem a revelação de sua realidade e de sua idealidade.

Junto à fonte nasce um *narcisismo*[61] *idealizante,* de grande importância para uma psicologia da imaginação, mas subestimado pela psicanálise clássica. Bachelard esclarece que nem sempre o *narcisismo é neurotizante,* pois desempenha papel positivo na obra estética e, por transposições rápidas, na literária. A sublimação, por sua vez, nem sempre é a negação de um desejo, ou uma sublimação *contra* instintos. Pode ser, também, sublimação *para* um ideal. *Então Narciso não diz mais: eu me amo tal como sou, ele diz: eu sou tal como me amo. Sou efervescência porque me amo com fervor. Quero aparecer, portanto devo aumentar meus adereços*[62].

Assim compreendida, a vida real se cobre de imagens, transforma o ser, floresce, toma um novo alento, enfim, torna-se melhor quando lhe são dadas *merecidas férias de irrealidade.*

Todo esse narcisismo idealizante realiza a sublimação da carícia; a imagem contemplada nas águas assume o contorno de uma carícia todo visual, que não sente necessidade alguma da

---

[60] Ils redeviendront vivants et naturels quand on pourra les comparer à une eau vivante et naturelle, quand l'imagination rénaturalisée pourra recevoir la participation des spectacles de la source et de la rivière (ER, p. 33).

[61] Narcisismo: desejo de se destacar, de algo na criação. Amor pela própria imagem, desejo de a beleza ser contemplada. **Dicionário Aurélio da Língua Portuguesa,** 2010, p. 1452.

[62] Alors Narcisse ne dit plus: Je m'aime tel que je suis, il dit: Je suis tel que je m'aime. Je suis avec effervescence parce que je m'aime avec ferveur. Je veux paraître, donc je dois augmenter ma parure (ER, p. 35).

mão acariciadora. É uma *contemplação-carícia*, linear, virtual e formalizada, em que nada subsiste de material.

A autocontemplação de Narciso é fatalmente ligada a uma esperança, pois, ao meditar sobre sua beleza, medita, também, sobre seu futuro. Uma espécie de *catoptromancia*[63] *natural*, determinada por esse narcisismo, aliada à *hidromancia*[64], combinando os reflexos da água com os do espelho posto acima da fonte (prática não rara entre os antigos), se estudada sistematicamente poderá revelar os caracteres *psicológicos* da divinação, destacando o papel importante da imaginação material. Na hidromancia se atribui uma dupla vida à água tranquila, porque ela nos mostra o duplo da nossa pessoa.

Narciso, ao mirar-se na fonte, não está entregue, apenas, à sua própria contemplação. Sua imagem é o centro do mundo, mas com ele e para ele, a floresta, o céu, a natureza enfim, também se contemplam, tomando conhecimento de sua grandiosa imagem. *O mundo é um enorme Narciso pensando em si mesmo*[65], diz Bachelard, repetindo, textualmente, Joachim Gasquet[66].

Se a imagem refletida na água basta, para desfazê-la, um simples gesto, um pouco de repouso logo a restitui à superfície. E, com a conquista da tranquilidade, da calma, logo o mundo volta a contemplar-se em atitude sonhadora. Surge um *narcisismo cósmico*, que prolonga o *narcisismo individual*. Todas as coisas se tornam belas e tomam consciência da própria beleza. E esse narcisismo cósmico é o germe de um *pancalismo*[67], cuja força reside em ser progressivo e detalhado. De forma esquemática, a evolução do

---

[63] Catoptromancia: arte de advinhar com a utilização de espelho. **Dicionário Aurélio da Língua Portuguesa**, 2010, p. 423.

[64] Hidromancia: arte de advinhar por meio da água. **Dicionário Aurélio da Língua Portuguesa**, 2010, p. 1019.

[65] Le monde est un immense Narcisse en train de se penser (ER, p. 36).

[66] GASQUET, Joachim (1873-1921). Escritor, poeta e crítico de arte francês. Uma de suas obras: *Cézanne e Narcisse*.

[67] Pancalismo: doutrina que admite o belo como valor supremo, do qual depende todos os outros. Desenvolvida por James Mark Baldwin, filósofo norte-americano. **Dicionário Aurélio da Língua Portuguesa**, 2010, p. 1548.

narcisismo poderá ser vista assim: *Narcisismo individual → Narcisismo da natureza → Narcisismo cósmico → Pancalismo.*

As relações entre o narcisismo individual e o cósmico poderão ficar mais claras se acentuando o seu caráter metafísico.

A filosofia de Schopenhauer[68] já mostrara que a contemplação estética acalma, por um instante, a maldade dos homens, desligando-se do drama da vontade. Para Bachelard, essa separação da contemplação e da vontade elimina um caráter que ele gostaria de acentuar – a *vontade de contemplar*. A contemplação também determina uma vontade. O homem quer ver porque ver é mais uma necessidade direta, que lhe dá dinamismo ao espírito. *Mas na própria natureza, parece que as forças da visão estão ativas. Entre a natureza contemplada e a contemplativa, as relações são estreitas e recíprocas. A natureza imaginária realiza a unidade da natura naturans (natureza natural) e da natura naturata (natureza naturalmente)*[69].

O poeta, ao viver seu sonho e suas criações poéticas, realiza essa unidade natural. Parece até que a contemplação é ajudada pela natureza contemplada, pois esta traz em si os meios de contemplação.

E agora pode ser feita a pergunta: quem contempla melhor, o *lago* ou o *olho*?

O lago é um grande olho tranquilo, que já contemplou o mundo e dele fez sua representação. Sua visão é ativa, porque ele próprio aclara suas imagens. *Compreendemos então que o olho tenha o desejo de ver as suas visões, que a contemplação seja, também, vontade*[70].

---

[68] SCHOPENHAUER, Arthur (1788-1860). Filósofo alemão do século XIX. É mais conhecido pela sua obra principal, *O Mundo como Vontade e Representação*, em que ele caracteriza o mundo fenomenal como o produto de uma cega, insaciável e maligna vontade metafísica. Outras obras como: *Metafísica do Amor/Metafísica da Morte*.

[69] Mais dans la nature elle-même, il semble que des forces de vision sont actives. Entre la nature contemplée et la nature contemplative les rélations sont étroites et réciproques. La nature imaginaire réalise l'unité de la natura naturans (natureza natural) et de la natura naturata (natureza naturalmente) (ER, p. 41)

[70] On comprend alors que l'œil ait la volonté de voir ses visions, que la contemplation soit, elle aussi, volonté (ER, p. 41).

O cosmo é, de certa forma, afetado pelo narcisismo. O mundo quer se ver e a vontade, tomada em seu ângulo schopenhaueriano, cria olhos para contemplar e se saciar de beleza.

Schelley Strindberg[71], Victor Hugo[72] e Lamartine[73] são citados por Bachelard como exemplo de poetas que sofreram a influência do *narcisismo cósmico* e do *pancalismo universal*.

Após tais divagações metafísicas, Bachelard volta ao que ele chama de *caracteres mais simples da psicologia das águas*, um dos quais é o seu *frescor*. A nenhuma substância, mais do que à água, se aplica o qualitativo de *primaveril*. A frescura da água impregna a primavera e valoriza toda a renovação por ela promovida.

No reino das imagens do ar, ao contrário, é prejudicial a frescura. O vento fresco é frio e esfria o entusiasmo. Cada adjetivo possui o seu substantivo privilegiado, logo retido pela imaginação material. A frescura é o adjetivo da água que, sob certos aspectos, é a *frescura substantivada*.

O ruído das águas e a canção dos riachos trazem naturalmente consigo as metáforas do frescor e da claridade e, por isso, aparecem com frequência, nas mais variadas paisagens literárias. Por vezes, até acarretam a simplificação excessiva de uma harmonia mais profunda, gerando uma espécie de infantilismo poético, defeito de tantos poemas capazes de levar à desvalorização das lições de vivacidade dadas pelas águas vivas.

A essa poesia dos reflexos, bastante superficial, vai se associar uma sexualização todo visual, artificial e frequentemente pedante,

---

[71] STRINDBERG, Schelley (1849-1912). Jornalista e ator. Ingressou na Biblioteca Real, o que lhe permitiu assegurar o seu futuro econômico. As suas primeiras peças teatrais denotam influências de Ibsen e Kierkegaard, e aí transparece uma personalidade amarga e torturada. Algumas de suas obras: *O Livre Pensador; Hermion; A Viagem de Pedro Afortunado e A Mulher do Cavaleiro Bent*.

[72] HUGO, Victor-Marie (1802-1885). Romancista, poeta, dramaturgo, ensaísta, artista, estadista e ativista pelos direitos humanos franceses de grande atuação política em seu país. É autor de *Les Misérables* e de *Notre-Dame de Paris*, entre diversas outras obras clássicas de fama e renome mundial.

[73] LAMARTINE, Alphonse Marie Louis (1790-1860). Escritor, poeta e político francês. Seus primeiros livros de poemas celebraram o autor e influenciaram o Romantismo na França e em todo o mundo. Uma de suas obras: *O lago*.

evocadora de náiades[74] e ninfas[75] , um amontoado de desejos e imagens que vão dar origem a um verdadeiro complexo de cultura, designado pelo nome de *complexo de Nausica.*

Deixando de lado a caracterização dos complexos de cultura, para retomá-la posteriormente, Bachelard diz que é chegado o momento de voltar aos espetáculos naturais, que estão na origem das metáforas da imaginação. E logo se impõe uma pergunta: *qual a função sexual do rio?*

A resposta é fácil – evocar a nudez feminina. A água clara refletirá, com fidelidade, a mais bela das imagens – a de mulher jovem, branca e nua. E estará evocando a *nudez natural,* que conserva a inocência. No reino da imaginação, os seres verdadeiramente nus saem de um oceano: *O ser que sai da água é um reflexo que aos poucos se materializa: ele é uma imagem antes de ser um ser, ele é desejo antes de ser uma imagem*[76].

Para certos devaneios, tudo que se reflete na água traz marca feminina. Bachelard cita um exemplo de Jean Paul Sartre[77] , em que a imagem feminina se impôs ao artista, graças a um devaneio sobre um reflexo.

Na Literatura, o cisne é um substantivo, um sucedâneo da mulher nua. Ele se deixa ver em sua brancura imaculada, em sua nudez ostensiva. E quem adora o cisne deseja a banhista.

Essa imagem de feminilidade pode apresentar traços *masculinos.* É o que mostra Bachelard, ao transcrever um longo trecho da segunda parte do *Fausto* (ato II), em que o cisne se mostra her-

---

[74] Náiades: divindade mitológica, que preside os rios e às fontes. Ninfas dos cursos d'água. **Dicionário Aurélio da Língua Portuguesa,** 2010, p. 1449.

[75] Ninfas: na mitologia greco-romana, divindade dos rios, dos bosques, das florestas e dos campos. **Dicionário Aurélio da Língua Portuguesa,** 2010, p. 1469.

[76] L'être qui sort de l'eau est un reflet qui peu à peu se matérialise: il est une image avant d'être un être, il est un désir avant d'être une image (ER, p. 49).

[77] SARTRE, Jean-Paul Charles Aymard (1905-1980). Filósofo, escritor e crítico francês, conhecido como representante do existencialismo. Acreditava que os intelectuais têm de desempenhar um papel ativo na sociedade. Era um artista militante, e apoiou causas políticas de esquerda com a sua vida e a sua obra. Influenciado por Simone de Beauvoir e Albert Camus. Algumas de suas obras: O Muro. Dramas como As Moscas, Ensaios sobre arte e política.

mafrodita. E conclui: *O cisne é feminino na contemplação das águas luminosas; ele é masculino em ação. Para o inconsciente, a ação é um ato. Para o inconsciente, só existe um ato... Uma imagem que sugere um ato deve evoluir, no inconsciente, do feminino para o masculino*[78].

Um passo a mais na psicanálise e seria fácil compreender que o canto do cisne, antes da morte, pode ser interpretado como um eloquente juramento do amante-sedutor, antes do instante supremo, ou, dizendo de maneira mais clara, como *uma morte amorosa*.

Esse canto do cisne, como canto de morte sexual, de desejo exaltado que procura acalmar-se, aparece raramente em sua significação complexual. Ele não encontra ressonância no inconsciente porque a metáfora do *canto do cisne*, usada em demasia, perdeu sua força expressiva, esmagada sob um simbolismo factício. A imagem do cisne, caso seja verdadeira a interpretação bachelardiana, é sempre um desejo. *É, portanto, enquanto desejo que ele canta. Ora, há apenas um desejo que canta enquanto morre, que morre enquanto canta, e é o desejo sexual. O canto do cisne é, portanto, o desejo sexual em seu ápice*[79].

Bachelard lembra que num poema de Mallarmé[80], intitulado *Cygne*, estaria presente a fusão do narcisismo do amor e do narcisismo da morte amorosa.

Para que um *complexo*, como o do *complexo do cisne*, tenha força poetizante, precisará agir em segredo no coração do poeta; é preciso que este, contemplando longamente o cisne nas águas, não saiba que ele próprio deseja uma aventura mais terna.

---

[78] Le cygne est féminin dans la contemplation des eaux lumineuses; il est masculin dans l'action. Pour l'inconscient, l'action est un acte. Pour l'inconscient, il n'y a qu'un acte... Une image qui suggère un acte doit évoluer, dans l'inconscient, du féminin au masculin (ER, p. 52).

[79] C'est dès lors, entant que désir qu'il chante. Or, il n'y a qu'un seul désir qui chante en mourant, qui meurt en chantant, c'est le désir sexuel. Le chant du cygne c'est donc le désir sexuel à son point culminant (ER, p. 53).

[80] MALLARMÉ, Stéphane (1842-1898). O verdadeiro nome era Étienne Mallarmé. Poeta e crítico literário francês. Autor de uma obra poética ambiciosa e difícil. Mallarmé promoveu uma renovação da poesia na segunda metade do século XIX, e sua influência ainda é sentida nos poetas contemporâneos, como Yves Bonnefoy. Algumas de suas obras: A Tarde de um Fauno; *Poema Cygne*.

E aqui Bachelard lembra, mais uma vez, o devaneio de *Fausto* (Goethe[81]), a ele opondo um exemplo característico dos complexos de cultura, tirado à novela de Pierre Louys[82], *Léda ou o louvor das trevas bem-aventuradas* do livro *O Crepúsculo das Ninfas*[83], em que o cisne revela, de imediato, traços demasiadamente humanos, e a sua união com Léda se faz sem qualquer mistério ou sentido oculto, que precise ser explicado por um psicanalista. Apesar do talento literário do autor, sua Léda não tem força poética.

Não obstante o seu excesso de carta mitológica, o *complexo do cisne*, em Louys, serve para a compreensão do chamado *complexo de cultura,* comumente ligado a uma cultura escolar e tradicional. O autor não teve a preocupação de comparar os mitos em diferentes literaturas, para medir a unidade e a multiplicidade de símbolos como o do cisne, por exemplo, limitando-se a aceitar uma tradição mal compreendida, ou, o que dá no mesmo, ingenuamente racionalizada.

A psicanálise de um complexo de cultura exigirá sempre a separação do que se *sabe* e do que se *sente,* como a análise de um símbolo, por sua vez, exigirá a separação do que se *vê* e do que se *deseja.*

Manejados por um verdadeiro poeta, os complexos de cultura podem implicar o esquecimento de suas formas convencionais, sustentando imagens paradoxais. E o exemplo que Bachelard apresenta é o da *Leda sans cygne* (Leda sem cisne), de Gabriel d'Annunzio[84], em que a mulher não aparece nas ondas, e sim cercada de galgos

---

[81] GOETHE, Johann Wolfgang von (1749-1832). Escritor alemão, filósofo e cientista. Fez parte, junto com Schiller, Wieland e Herder do Classicismo de Weimar. Período do apogeu literário na Alemanha. Como escritor, Goethe foi uma das mais importantes figuras da literatura alemã e do Romantismo europeu, nos finais do século XVIII e início do século XIX. Alguma de suas obras: *Fausto; Os sofrimentos de Werther,* obras-primas da literatura alemã.

[82] LOUŸS, Pierre Félix (1870-1925). Poeta e romancista belga. Alguma de suas obras: *Aphrodite: mœurs antiques; O crepúsculo das ninfas.*

[83] Léda ou la louange des bienheureuses ténèbres. Le Crépuscule des Nymphes.

[84] D'ANNUNZIO, Gabriel (1863-1938). Poeta e dramaturgo italiano, símbolo do decadentismo e herói de guerra. Além de sua carreira literária, teve também uma excêntrica carreira política. Algumas de suas obras: *Il trionfo della morte; Forse che sì forse che no; La Gioconda, Leda sans cygne.* Galgos: raça canina do tipo lébreu oriunda do Reino Unido, conhecida como a mais rápida do mundo. REVERDY, Pierre (1889-1960). Poeta francês associado ao Surrealismo e, principalmente, ao Cubismo, do qual se tornou o principal teórico em sua transposição para a Literatura após a morte de Apollinaire. Uma de suas obras: *Ecumen grande de la mer e natureza.*

brancos, mas tão bela e desejável que a sua união com o cisne, de contornos definidos, vai se realizar na própria terra.

Imagens tão ativas quanto à do cisne são susceptíveis de todos os engrandecimentos, de toda ampliação. Isso faz com que, da mesma maneira por que se falou de um narcisismo cósmico, se possa reconhecer, em certas páginas, um *cisne cósmico.* Citando Pierre Reverdy, diz Bachelard: *O drama universal e o drama humano tendem a se igualar*[85].

Como exemplo da sublimação do tema do cisne, refletido nas águas, é mencionada a obra de juventude de Albert Thibaudet, *O Cisne Vermelho*[86], mito dramático, mito solar cultivado, com evidentes conotações sexuais.

Esse mito criado por Thibaudet é um bom exemplo do que Bachelard chama de *dissimbolismo* (dissymbolisme), isto é, *simbolismo duplo*, tanto das imagens explicitamente anunciadas quanto de sua significação sexual.

Carl G. Jung[*] apresenta vários argumentos que permitem compreender, no plano cósmico, porque o *cisne* é, ao mesmo tempo, símbolo de uma luz sobre as águas e um hino de morte. Ele é, na verdade, o mito do sol agonizante.

Há muitos outros exemplos de metáforas do cisne, a nível cósmico. Tanto a lua como o sol podem evocar essa imagem. É o caso de uma imagem de Jean Paul Sartre: *A lua, esse belo cisne do céu, caminhava com sua plumagem branca do Vesúvio até o topo do firmamento*[87], que contrasta com a de Jules Laforgue[88], para quem o cisne é um sucedâneo da Lua, durante o dia.

---

THIBAUDET, Albert. (1874-1936). Ensaísta francês e crítico literário. Foi também cofundador da Escola de Genebra de críticas literárias. Algumas de suas obras: *La poesia de Stéphane Mallarmé: ètude Littéraire, O Cisne Vermelho.*

[*]Jung. Métamorphoses et symboles de la libido (ER, p. 75).

[85] Le drame universel et le drame humain tendent à s'égaler (ER, p. 60).

[86] Le Cygne Rouge.

[87] La lune, ce beau cygne du ciel, promenait son blanc plumage du Vésuve au commet du firmament...

[88] LAFORGUE, Jules (1860-1887). Poeta inovador e romancista francês, muitas vezes tratado como um poeta simbolista, porém mais frequentemente classificado como decadente. Críticos e

Todas essas imagens, tão diferentes, tão pouco explicáveis por uma doutrina realista da metáfora, só mantém unidade verdadeira graças a uma poesia dos reflexos, um dos temas fundamentais da poesia da água.

Depois das águas claras, as águas profundas...

Marie Bonaparte[89], ao estudar poemas e contos de Edgar Allan Poe, referiu-se à *unidade de imaginação* do poeta e conseguiu descobrir razões psicológicas dessa unidade na fidelidade a uma lembrança imperecível.

Bachelard, por sua vez, acha que a obra de Poe também pode ser caracterizada por *uma unidade dos meios de expressão*, uma tonalidade de verbo que lhe dá *monotonia genial*.

Esclarece ele que as grandes obras oferecem sempre esse duplo sinal: *A psicanálise encontra um lar secreto para eles, a crítica literária um verbo original*[90]. A linguagem de Poe é, sem dúvida, a de um grande poeta e, por isso mesmo, esconde, sob suas mil formas de imaginação, uma substância ativa, privilegiada, que determina a unidade e a hierarquia da expressão. Essa matéria privilegiada é nele a água, uma água de natureza especial, uma água pesada, mais profunda e mais morta, mais sonolenta do que todas as águas paradas ou mortas, encontradas na natureza. Na sua imaginação, a água é uma substância superlativa, uma espécie de substância da substância, *uma substância mãe.*

Bachelard não receia ser dogmático ao fazer tais afirmativas e explica ter provas dessa escolha de Poe, em relação à água. No poeta norte-americano, o destino das imagens da água é o mesmo do devaneio principal – o *devaneio da morte* – representado pela imagem dominante de sua poética: a imagem da mãe agonizante.

---

comentaristas da sua obra têm defendido uma influência do Impressionismo na sua poesia. Uma de suas obras: *Des Fleurs de bonne volonte.*

[89] BONAPARTE, Marie (1882-1962). Psicanalista e escritora francesa ligada a Sigmund Freud. Utilizou-se de sua fortuna para ajudar a popularizar a psicanálise. Também ajudou Freud a fugir da Alemanha nazista. Algumas de suas obras: *L'identification d'une fille à sa mère morte; Derrière les vitres closes.*

[90] la psychanalyse leur trouve un foyer secret, la critique littéraire um verbe original (ER, p. 64).

Todas as suas outras amadas, que a morte arrebatou, Helena, Frances, Virgínia, renovarão a imagem primeira, reanimarão a dor inicial que marcou, para sempre, o jovem órfão. *O humano em Poe é a morte. Descrevemos a vida pela morte*[91].

A própria *paisagem* é igualmente determinada pelo sonho fundamental, pelo devaneio básico, que revê, sem cessar, a imagem da mãe moribunda. E essa determinação é tanto mais instrutiva, mais esclarecedora, porque não corresponde a nada de real. Elizabeth, a mãe de Poe, Helena, sua amiga, Frances, a mãe adotiva, e Virgínia, a esposa, morreram em seu leito, de *morte citadina*. Jamais o poeta encontrou um corpo amado entre as plantas aquáticas de um lago. Suas amadas não tiveram a morte dramática da doce *Ofélia*, flutuando, entre salgueiros, nas águas de um riacho.

Na obra de Poe, paradoxalmente, tudo se anima e se adorna para a morte, para o sono eterno: os vales se cobrem de sombras insondáveis para sepultar a infelicidade humana. Em consequência, para ele, a água clara deve escurecer, ensombrar-se, porque vai absorver o sofrimento. Toda água viva está destinada a enfraquecer, a tornar-se pesada, sempre prestes a morrer. E é interessante notar que no poeta jamais a água pesada se torna leve, ou passa da sombra à claridade. E se o devaneio começa, às vezes, com a água límpida, de música cristalina, logo finda no seio de uma água que transmite estranhos e fúnebres murmúrios. *O devaneio perto da água, ao encontrar seus mortos, também morre, como um universo submerso*[92].

Allan Poe ama a água elementar (é Bachelard quem o diz), uma água imaginária, ideal de um devaneio criador, porque é possuidora do *absoluto do reflexo*. Lendo-se certos poemas e contos dele, sente-se que o reflexo é mais real que o real, porque é mais puro. *Como a vida é um sonho dentro de um sonho, o universo é um reflexo*

---

[91] L'humain chez Poe, c'est la mort. On décrit une vie par la mort (ER, p. 65).

[92] La rêverie près de l'eau, en retrouvant ses morts, meurt, elle aussi, comme un univers submergé (ER, p. 66).

*dentro de um reflexo; o universo é uma imagem absoluta. Ao imobilizar a imagem do céu, o lago cria um céu em seu seio. A água, em sua jovem limpidez, é um céu do avesso, onde as estrelas ganham nova vida*[93].

Nos contos, de maneira ainda mais acentuada, essa construção do *reflexo absoluto* fica mais instrutiva, porque nessa espécie literária há uma exigência de verossimilhança, de lógica e de realidade.

A água, por seus reflexos, duplica o mundo e as coisas. Duplica, também, o sonhador, engajando-o em nova experiência onírica, que pode enganar o leitor desavisado, incapaz de gozar *a deliciosa opticidade dos reflexos.*

Além de Allan Poe, Bachelard menciona Wordsworth[94], em *Prelúdio*, como exemplo de outro poeta que também sentiu a riqueza metafórica da água. Contemplada em seus reflexos e em sua profundeza.

Tudo quanto ficou dito se prende a um primeiro estado, ou a um primeiro aspecto, da poética de Allan Poe, estado que corresponde a um sonho de limpidez, de transparência, de cores claras, sonho efêmero na vida do poeta-prosador.

É tempo de passar, agora, ao que Bachelard chama o *destino da água* na poética de Poe.

Esse destino, segundo o crítico-filósofo, aprofunda a matéria, aumenta a substância, sobrecarregando-a com as dores humanas. Surge uma oposição entre as qualidades da superfície e as qualidades do volume. A água vai escurecer, vai absorver materialmente as sombras.

Bachelard, para tratar esse novo aspecto, recorre ao ensaio *A Ilha da Fada*, em que Poe fala do prazer experimentado na contemplação dos cenários naturais como ligados, mais do que a própria

---

[93] Comme la vie est en rêve dans un rêve, l'univers est une reflet dans un reflet; l'univers est une image absolue. En immobilisant l'image du ciel, le lac crée un ciel en son sein. L'eau en sa jeune limpidité est un ciel renversé où les astres prennent une vie nouvelle (ER, p. 67)

[94] WORDSWORTH, William (1770-1850). O maior poeta romântico inglês que, ao lado de Samuel Taylor Coleridge, ajudou a lançar o romantismo na literatura inglesa com a publicação conjunta, em das *Lyrical Ballads* e *Prelúdio*, umas de suas obras.

música, ao sentimento do isolamento. Na ilha, um panorama duplo: a seu redor, a superfície das águas, iluminada por uma cascata de ouro e púrpura, descida do céu; do outro lado, a mais negra sombra, que não é motivada pelas árvores que escondem o céu, e sim *materialmente realizada* pela imaginação material. *As sombras das árvores caíam pesadamente na água e pareciam sepultar-se ali, impregnando de trevas as profundezas do elemento*[95].

A partir desse instante, a poesia das formas e das cores cede lugar à poesia da matéria e começa um sonho das substâncias. E noite e água são substâncias que se misturam intimamente. O mundo do ar vai dar suas sombras no riacho.

Bachelard salienta, em Allan Poe, o fato de as imagens não trazerem qualquer traço de um complexo de cultura. Tendo sua origem no mundo das imagens primeiras, elas seguem o princípio do sonho material e suas águas preenchem uma função psicológica essencial – absorver as sombras, oferecer um túmulo quotidiano a tudo aquilo que, a cada dia, morre em nós.

A água torna-se assim convite à morte. Em Allan Poe, a sedução desse convite é tão intensa que o conduz, afirma Bachelard, a uma espécie de *suicídio permanente*, uma espécie de *dipsomania*[96] da morte.

Quem se enriquece torna-se pesado. A água, rica de tantos reflexos e de tantas sombras, é uma água pesada. E é essa água característica da *metapoética*[97] de Allan Poe.

Para ilustrar suas afirmativas, Bachelard vai valer-se do conto *Aventuras de Arthur Gordon Pym de Nantucket*, a um só tempo, narrativa de viagem e de naufrágio, obra que desprezara na mocidade, considerando-a interminável e monótona. Somente após ter tomado conhecimento da importância das revoluções efetuadas pelas novelas psicológicas, retomando a leitura do texto, situou o

---

[95] L'ombre des arbres tombait pesamment sur l'eau et semblait s'y ensevelir, imprégnant de ténèbres les profondeurs de l'élément (ER, p. 75).

[96] Dipsomania: necessidade incontrolável de ingerir bebidas alcoólicas. **Dicionário on-line.**

[97] Metapoética (metapoesia): é a poesia em sua essência, o conhecimento do fazer poético e de suas intrincadas engrenagens, a poesia que fala da poesia, a poesia que descreve. **Dicionário on-line.**

drama nele vivido em seu verdadeiro lugar – os confins do inconsciente e do consciente. Assim, uma aventura aparentemente passada em dois oceanos, na realidade era uma aventura do inconsciente.

A própria crítica psicológica tradicional não atingira bem a obra, esquecendo que a função poética pretende dar ao mundo uma nova forma, pois ele não existirá poeticamente, se não for incessantemente reimaginado.

Em Allan Poe aparece também, segundo Marie Bonaparte, uma água que é *sangue*. É sangue maldito, que carreia consigo a morte, é drama e dor, jamais felicidade. Surge uma poética do sangue, representada por tudo que, na natureza, corre pesada, dolorosa e misteriosamente.

Bachelard faz rápida referência a uma poética do *sangue valoroso*, encontrada em Paul Claudel[98], poética do *sangue vivo*, em tudo diferente da poesia de Allan Poe.

Se a água, como pretende Bachelard, é matéria fundamental para o inconsciente de Allan Poe, deverá comandar a Terra, da qual é sangue e vida. É ela quem vai levar toda paisagem para o seu próprio destino. É ela que vai escurecer os mais claros vales. Estes acumulam água e cuidados, porque estão sempre ameaçados pelas escavações provocadas pelas águas subterrâneas.

Em Poe é preciso compreender, prossegue Bachelard, que a água é o verdadeiro *suporte* material da morte. As águas imóveis evocam os mortos porque as águas mortas são águas que dormem, são águas estagnadas.

As novas psicologias do inconsciente ensinam que os mortos, enquanto permanecem entre nós, estão adormecidos, repousam. Após os funerais, para o inconsciente, tornam-se ausentes, isto é, mais escondidos ou mais adormecidos. Somente despertam quando o nosso próprio sono nos dá um sonho mais profundo que a lembrança, e nos faz reencontrarmo-nos com os desaparecidos na

---

[98] CLAUDEL, Paul Louis Charles (1868-1955). Diplomata, dramaturgo e poeta francês, membro da Academia Francesa de Letras e galardoado com a grã-cruz da legião de honra. É considerado importante como escritor católico. Algumas de suas obras: *A Minha Conversão; L´Échange*.

pátria da Noite. Tudo isso diz Bachelard, acrescentando que o lago de águas paradas é o símbolo do sono total, do qual não se quer mais acordar, sonho conservado pelo amor dos vivos e embalado pelas litanias da lembrança.

Com a morte, dorme a beleza. Os instantes decisivos dos poemas e dos contos de Allan Poe só serão compreendidos quando se fizer a síntese da Beleza, da Morte e da Água, tríade que ele soube reunir numa mesma forma simbólica.

Compreende-se, agora, porque a morte bela e fiel tem sua matéria na água. Somente esta pode dormir conservando a beleza, somente ela pode morrer imóvel, conservando seus reflexos.

Mas há um sinal de morte que dá à poesia de Allan Poe, dizendo melhor, dá às águas, na poesia de Allan Poe, um caráter estranho e inesquecível – é o seu *silêncio*. No poeta, a alegria das águas é muito efêmera. À beira de um riacho, o que se ouve não é uma voz e sim um suspiro, o suspiro das plantas, dos nenúfares[99], da vegetação, enfim, que logo emudece, com inexplicável pavor, tocado por um silêncio maldito. Cala-se todo o Universo e o próprio sonhador deve também calar-se. *Perto da água, ouvir os mortos sonhando já é impedi-los de dormir*[100].

A água silenciosa, a água sombria, a água parada, a água insondável, são lições materiais para uma meditação sobre a morte. Não são lições de uma morte heraclitiana, que nos leva para longe, na correnteza, e sim lições de uma morte imóvel, profunda, que permanece perto de nós e em nós.

E Bachelard conclui o estudo das águas profundas, paradas, mortas com este trecho, de puro lirismo: *Bastará um vento noturno para que a água, que estava calada, fale conosco novamente... Bastará um raio da lua, muito suave, muito pálido, para que o fantasma volte a andar sobre as ondas*[101].

---

[99] Nenúfares: planta aquática com flores em formato esférico, tal como o lótus. **Dicionário Aurélio da Língua Portuguesa**, 2010, p. 1461.

[100] Prés de l'eau, écouter les morts rêver, c'est déjà les empêcher de dormir (ER, p. 95).

[101] Il ne faudra qu'un vent de soir pour que l'eau qui s'était tue nous parle encore... Il ne faudra qu'un rayon de lune, bien doux, bien pâle, pour que le fantôme marche à nouveau sur les flots (ER, p. 96).

4

# CARONTE E OFÉLIA

*Quando o coração está triste, toda a água*
*do mundo se transforma em lágrimas.*
*(Bachelard)*

Em *A psicanálise do fogo,* Bachelard já havia tratado dos complexos referente ao elemento ígneo – o de Prometeu[102] e o de Empédocles –, o primeiro, a que chamou *o complexo de Édipo da vida intelectual,* ligado à noção de vida, e o segundo, verdadeiro fascínio do fogo, conotando a ideia de morte. Mencionou, ainda, mais dois outros: o *complexo de Novalis,* de natureza sexual, e o *complexo de Hoffmann,* correspondente à necessidade da experiência do álcool, libertadora da *inspiração primeira,* capaz de permitir a criação poética.

Agora, ao estudar a água, Bachelard descobre dois outros complexos – o *de Caronte* e o de *Ofélia,* ambos carreando ideia de morte.

O autor começa lembrando antigos costumes de povos primitivos, que faziam encerrar seus mortos em toscos esquifes de madeira, abandonados às ondas e a serem por elas transportados, sabe Deus para onde.

Essa partida nas águas mostra apenas um traço do interminável devaneio da morte. A água, substância de vida, é, também, substância de morte, mantendo, portanto, a mesma ambivalência do fogo.

Bachelard explica, lembrando Jung, que a árvore de que eram feitos os caixões lançados às ondas, chamada pelos celtas Todtenbaum

---

[102] PROMETEU era um dos titãs. Os titãs eram gigantes que certa vez governaram o mundo. Na antiga mitologia grega, **Prometeu** roubou o fogo dos deuses e deu-o aos humanos. Segundo a lenda, **Zeus,** o rei dos deuses, ordenou que **Prometeu** e seu irmão, **Epimeteu,** criassem os animais e as pessoas.

(árvore da morte), é símbolo maternal, como a água também o é. Isso mostra que, encerrando o morto no seio da árvore e confiando esta ao seio das águas, duplicavam-se, de certa forma, os poderes e, ao mesmo tempo, revivia-se, duplamente, o mito do amortalhamento, pelo qual, segundo o analista suíço, *o falecido é entregue à mãe para renascer*[103]. Assim, a morte nas águas seria a mais maternal das mortes.

E Bachelard aproveita o tema para propor a questão que o oprime: *Não foi a morte o primeiro navegador? Muito antes que os vivos se confiassem às ondas, não puseram o caixão no mar, o caixão no riacho?*[104] A ser verdadeira essa hipótese mitológica, o esquife não seria a última barca, mas a *primeira*, e nem a morte a última viagem, e sim a *primeira*. Para os sonhadores profundos, ela representaria a primeira viagem verdadeira.

Deixando de lado as explicações utilitárias, no tocante às viagens marítimas como fruto natural do engenho do homem primitivo, Bachelard declara que nenhuma utilidade de navegar legitimaria o risco imenso de partir pelas águas. Para afrontar os perigos da navegação, só interesses mais poderosos, que seriam os interesses quiméricos. *São os interesses com que sonhamos, não aqueles que calculamos. São os interesses fabulosos. O herói do mar é um herói da morte. O primeiro marinheiro é o primeiro homem vivo que foi tão corajoso quanto um homem morto*[105].

Bachelard lembra, citando Marie Delcourt[106], que era prática antiga, quando se queria abandonar alguém à morte total, sem salvação, lançá-lo ao mar ou ao rio. O ser fraco ou a criança

---

[103] Le mort est remis à la mère pour être ré-enfanté (ER, p. 100).

[104] La Mort ne fut-elle pas le premier Navigateur? Bien avant que les vivants ne se confiassent eux-mêmes aux flots, n'a-t-on pas mis le cercueil à la mer, le cercueil au torrent? (ER, p. 100).

[105] Ce sont les intérêts qu'on rêve, ce ne sont pas ceux qu'on calcule. Ce sont les intérêts fabuleux. Le héros de la mer est un héros de la mort. Le premier matelot est le premier homme vivant qui fut aussi courageux qu'un mort (ER, p. 101).

[106] DELCOURT, Marie (1891-1979). Filóloga clássica belga. Ela estudou na Universidade de Liège e obteve um PhD em Filologia Clássica. Sob a ocupação alemã da Bélgica durante a Primeira Guerra Mundial, ela foi ativa na rede de resistência Dame Blanche. Ela foi a primeira professora em tempo parcial na ULG. Uma de suas obras: Hermaphrodite. Mythes et rites de la bisexualité dans l'Antiquité classique.

maléfica, ambos indesejáveis, que de melhor fazer por eles, para livrá-los da terra, se não os abandonar à pátria da morte infinita, total – o mar sem limites ou o rio bravio?

Quando tais seres iam dar a alguma margem, salvos das águas, logo se tornavam especiais, miraculosos, porque, tendo atravessado as águas e vencido a morte, poderiam fundar cidades, salvar povos e refazer o mundo.

Não será o caso de lembrar, aqui, o exemplo bíblico de *Moisés*, o guia do povo *hebreu*, e o de *Perseu*, o mitológico herói grego, filho de Dânae?

Morte e viagem são ideias ligadas entre si: a morte é uma viagem e a recíproca é verdadeira. Confirma-o a expressão já proverbial: *Partir é morrer um pouco.*

Bachelard menciona, entre os poetas que se ocuparam do tema viagem/morte, Wordsworth, Tristan Corbière[107] e Baudelaire[108], nomes já consagrados da poesia universal. Na literatura brasileira contemporânea, poderia figurar entre os poetas que abraçaram a morte como um de seus temas mais importantes, o ainda não suficiente divulgado – Mário Faustino[109], que chegou a afirmar, em um de seus poemas (Romance): *Não morri de mala sorte, /Morri de amor pela Morte.*

É preciso, agora, atentar para todos os valores inconscientes acumulados em torno das viagens na água, para que se compreenda melhor a significação dos rios dos Infernos e das lendas de sua fúnebre travessia.

---

[107] CORBIÈRE, Tristan (1845-1875). Também chamado **Édouard-Joachim Corbière**. Poeta francês. Sua poética é considerada precursora do Surrealismo e influenciou a sintaxe dos poemas fragmentados de Ezra Pound. Algumas de suas obras: *Les Poètes maudits; Les amours jaunes.*

[108] BAUDELAIRE, Charles Pierre (1821-1867). Além de ser evidentemente um precursor de todos os grandes poetas simbolistas, Baudelaire é considerado pela maior parte dos críticos como o mais provável fundador da poesia dita moderna. Uma de suas obras: *As Flores do Mal.*

[109] SANTOS E SILVA, Mário Faustino dos (1930-1962). Jornalista, tradutor, crítico literário e poeta brasileiro. Ficou conhecido por seu trabalho de divulgação da poesia no *Jornal do Brasil*, quando assina o Suplemento Dominical do Jornal, na seção Poesia-Experiência. Obras: *O Homem e sua Hora; Poesia de Mário Faustino, antologia poética (póstumo); Os Melhores Poemas de Mário Faustino* (póstumo). Tradição e Modernidade em Mário Faustino. Albeniza de Carvalho e Chaves. Belém: Edufpa, 1986.

Nenhuma viagem se impõe mais à imaginação material do que a das águas. Todos os mortos, entregues ao túmulo ou à fogueira, terão de entrar na *barca de Caronte*, o velho e horrendo barqueiro dos Infernos, a fim de serem transportados, através do Aqueronte, do Cocito, do Estige ou do Flegetonte, a uma outra margem.

Essa lenda de Caronte, que influenciou, entre outros, o poeta Shelley[110] , determinou toda uma poesia fúnebre, com imagens ligadas a épocas remotas, poesia esta que só se manteve, através dos tempos, porque é sustentada por valores inconscientes. Originou-se, assim, um *complexo de cultura* a que Bachelard deu o nome de *Complexo de Caronte*, nada vigoroso, apenas simbólico.

A lenda da barca dos mortos está subjacente em diversos folclores e, também, em produções literárias como, por exemplo, *Manuscrito encontrado numa garrafa*, de Edgar Allan Poe. Suas inúmeras variantes só têm consistência assegurada graças a mais sólida das unidades – *a unidade onírica*, afirma Bachelard.

Tudo o que a morte tem de pesado e lento é marcado pela figura de Caronte. As barcas carregadas de almas estão sempre a ponto de afundar. *Imagem espantosa onde se sente que a Morte tem medo de morrer, onde o afogado ainda teme o naufrágio! A morte é uma jornada que nunca termina, é uma perspectiva infinita de perigos*[111].

E a barca de Caronte leva sempre ao inferno, porque não existe um timoneiro da felicidade. Ela será sempre um símbolo ligado à indestrutível desgraça dos homens. Nem o advento do cristianismo a fez desaparecer. Dante Aliguieri[112] e Miguel Ângelo[113] dela não se esqueceram em suas obras-primas.

---

[110] SHELLEY, Percy Bysshe (1792-1822). Importante poeta romântico ingles. Algumas de suas obras: *Ozymandias; Ode to the West Wind; To a Skylark; The Masque of Anarchy*, que estão entre os poemas ingleses mais populares e aclamados pela crítica.

[111] Étonnante image où l'on sent que la Mort craint de mourir, où le noyé craint encore le naufrage! La mort est un voyage que ne finit jamais, elle est une perspective infinie de dangers. (ER, p. 108)

[112] ALIGHIERI, Dante (1265-1321). Escritor, poeta e político florentino, nascido na atual Itália. É considerado o primeiro e maior poeta da língua italiana, definido como il sommo poeta. Obras: *La Divina Comédia-Porgatória; La Divnia Compedia-Paraiso*.

[113] LODOVICO Buonarroti Simoni, Michelangelo di (1475-1564). Conhecido simplesmente como Michelangelo ou Miguel Ângelo, foi um pintor, escultor, poeta, anatomista e arquiteto italiano,

E o mito do guia que nos conduzirá após a morte, simples e ligado a uma imagem muito clara, vai permanecer. Toda vez que um poeta retoma a imagem de Caronte, pensa na morte como em uma viagem e revive o mais primitivo dos funerais.

Do feio e velho Caronte à bela e meiga Ofélia... Bachelard não fica só na mitologia clássica greco-latina quando trata dos *complexos de cultura*. A personagem da tragédia shakespeareana vai servir para designar um novo complexo, que não trata da água na morte como um *elemento aceito*, mas agrupa imagens em que a água na morte aparece como *elemento desejado*.

O apelo dos elementos materiais é, por vezes, tão forte, que pode servir para determinar tipos bem diferentes de *suicídios*. Parece que a matéria ajuda a determinar o destino.

Marie Bonaparte diz que o gênero da morte escolhido pelos homens, isto é, o suicídio, quer na vida real, quer na ficção, nesta pelo herói, jamais é fruto do acaso porque é estreitamente determinado pelo psiquismo.

Explicando as afirmativas da competente biógrafa de Edgar Allan Poe, Bachelard diz que, de certa forma, a determinação psicológica é mais forte na ficção do que na realidade, já que nesta os meios de alucinação podem faltar, enquanto naquela acham-se eles à disposição do romancista. Daí a razão de os crimes e os suicídios serem muito mais numerosos nos romances do que na vida real. O drama e, mais do que ele, a sua execução, a que se pode chamar *discursividade literária*, marca profundamente o romancista e, quer ele queira, quer não, revela o íntimo de seu ser, mesmo que ele se cubra literalmente de personagens. Em vão ele se valerá de *uma realidade* como de uma tela, porque será sempre ele quem vai projetar essa realidade e, sobretudo, quem a encadeará. Na realidade, nem tudo se pode dizer, porque a vida dá saltos e esconde sua continuidade; no romance, isso não acontece.

---

considerado um dos maiores criadores da história da arte do ocidente. Algumas obras: *Teto da Capela Cistina; Baco; Tondo Doni; Pietá Rodanini; Madonna de Bruges; Davi.*

O problema do suicídio é decisivo, na Literatura, para julgar os valores dramáticos. Ele é preparado aos poucos, para dar a *imaginação da morte*, cujas imagens põe em ordem.

No reino da imaginação, a água é uma das quatro pátrias da morte. E aqui vai surgir mais uma ambivalência desse elemento: *a água, pátria das ninfas vivas, é, também, pátria das ninfas mortas.* É ela a verdadeira matéria da morte bem feminina. Bachelard exemplifica com *Ofélia*, destinada a morrer na água e *símbolo* do suicídio feminino. A água é o *elemento* da morte jovem e bela, e nos dramas, quer da vida, quer da Literatura, é o *elemento* da morte sem orgulho nem vingança, do suicídio masoquista. É o símbolo profundo, orgânico, da mulher que só sabe chorar suas mágoas.

A morte de *Ofélia*, rica de imagens detalhadas, não corresponde a realismo algum. Shakespeare[114] não precisou observar uma afogada para escrever uma cena famosa. Um realismo provavelmente bloquearia a exaltação poética. E porque o espetáculo dessa morte pertence à natureza imaginária primitiva é que impressiona tanto o leitor. Durante muito tempo, a imagem de *Ofélia* aparecerá aos sonhadores e poetas não como a afogada, mas como a jovem que flutua nas águas, entre flores e com a cabeleira desatada sobre as ondas. Se outrora as donzelas usavam cabelos presos em coques como forma de recato, Ofélia, com os cabelos soltos, torna-se símbolo de liberdade.

Como sempre acontece no reino da imaginação, a inversão da imagem prova a importância da imagem e seu caráter completo e natural. Basta que uma cabeleira desfeita desça sobre espáduas nuas, para que se reanime todo o símbolo das águas. Bachelard cita, para ilustrar suas afirmações, um pequeno trecho do poema *For Annie* (Para Annie), de Poe e, também, uma parte pequena do romance *Forse che si, Forse che no*[115], de Gabriel d'Annunzio. Em ambos está presente o caráter dinâmico da imaginação, mostrando,

---

[114] SHAKESPEARE, William (1564-1616). Poeta, ator inglês. O maior escritor do idioma inglês e o mais influente dramaturgo do mundo. É chamado frequentemente de poeta nacional da Inglaterra e de "Bardo do Avon". Algumas de suas obras: *Romeu e Julieta;* Hamlet; Rei Lear e Macbeth.

[115] Forse che si, Forse che no (expressão italiana, em tradução: talvez sim, talvez não).

claramente, que não é a forma da cabeleira que faz pensar na água corrente, mas o seu movimento. A cabeleira que ondula, que se desata, conduz à própria imagem aquática.

Como todo grande complexo poetizante, o de *Ofélia* pode atingir nível cósmico. Assim considerado, vai simbolizar a *união da Lua com as ondas.*

Joachim Gasquet e Jules Laforgues são dois poetas mencionados por Bachelard, em cuja obra aparece o *aspecto lunar* de *Ofélia*, refletida em água melancólica.

Para alguns sonhadores, a água é o cosmo da morte. A ofelização é, então, substancial, a água é noturna e perto dela tudo se inclina para a morte, já que ela se comunica com todas as potências da noite e da morte. Isso, provavelmente, levou Paracelso[116] a acreditar que a lua impregnasse a substância da água de uma *influência deletéria*[117]; se exposta muito tempo aos raios lunares, a água ficaria envenenada. Essas *imagens materiais*, tão intensamente arraigadas no pensamento paracelseano, permanecem vivas nos devaneios poéticos dos nossos dias. Victor-Émile Michelet[118] afirma: *A Lua dá a quem ela influencia o sabor da água do Estige*[119] *... Nunca nos curamos de ter sonhado perto de uma água parada*[120].

Se todos os devaneios do destino funesto, da morte, do suicídio, estão fortemente ligados à água, não é de surpreender que ela seja, para muitos, o elemento melancólico, por excelência.

---

[116] PARACELSO (1493-1541). Pseudônimo de Philippus Aureolus Theophrastus Bombastus von Hohenheim. Médico suíço, alquimista, teólogo leigo e filósofo da Renascença alemã. Ele foi um pioneiro em vários aspectos da "revolução médica" do Renascimento, enfatizando o valor da observação em combinação com a sabedoria recebida. Algumas de suas obras: *A chave da Alquimia; As plantas mágicas.*

[117] Deletério: que é prejudicial à saúde; insalubre.

[118] MICHELET, Victor-Émile (1861-1938). Notável escritor, apaixonado pelo esoterismo e pela poesia, é autor de poemas, contos e peças de teatro. Suas obras: Contos Aventureiros; Contos Sobrehumanos; A Porta de Ouro; Companheiros da Hierofania. Victor-Émile Michelet foi um dos atores essenciais e personalidade na Belle-Époque.

[119] Estige: na mitologia grega, é uma ninfa e também um rio infernal no Hades dedicado a ela.

[120] La Lune donne à ceux qu'elle influence le goût de l'eau du Styx... On ne se guérit jamais d'avoir rêvé près d'une eau dormante (ER, p. 123).

Repetindo a expressão de Huysmans[121], a água é o *elemento melancolizante*. Assim aparece ela na obra inteira de Poe, na de Rodenbach[122] e nas *Confidências* de Lamartine[123], que chega a mencionar o famoso salmo *Sentamos juntos aos rios da Babilônia e choramos*[124], para melhor indicar a água como *elemento triste*.

Se a imagem das lágrimas é uma constante para explicar a tristeza das águas, não chega a ser razão suficiente dessa tristeza, porque há outras mais profundas que marcam, com o seu mal, a substância líquida. A *morte* é uma delas.

A morte está na água, como a evocação das imagens da viagem fúnebre já mostrou antes. A morte na água é a dispersão total do ser. Cada um dos elementos tem a sua própria dissolução – a terra tem a poeira e o fogo a fumaça. A água, porém, dissolve mais completamente e a morte nela é total. Disso se tem exemplo na cena final do *Fausto*, de Christophe Marlowe[125], quando o personagem título exclama: Ó minha alma, transforme-se em pequenas gotas d›água e caia no Oceano, para sempre impossível de encontrar[126].

Outros poetas, como Claudel e Paul Éluard[127], em seus devaneios, também sentiram o peso dessa dissolução total.

---

[121]  HUYSMANS, Charles-Marie-Georges (1848-1907). É conhecido como Joris-Karl Huysmans. Escritor francês, cujos principais romances sintetizam fases sucessivas da vida estética, espiritual e intelectual da França do final do século XIX. Seus primeiros trabalhos foram influenciados por romancistas naturalistas contemporâneos, mas Huysmans logo rompeu com o grupo, publicando uma série de romances decadentes demais em conteúdo e violentos demais no estilo para serem considerados exemplos de naturalismo. Algumas de suas obras: *A Marthe; Les soeurs vatard; A vau-l'eau*.

[122]  RODENBACH, George (1855-1898). Escritor francês, inserido no Simbolismo, descreveu o ambiente da sua região natal. Da sua vasta produção há a destacar o romance Bruges-la-Morte e a colecção de poemas La Règne du Silence.

[123]  LAMARTINE, Alphonse Marie Louis de Prat de (1790-1869). Poeta e político francês. Seus primeiros livros de poemas, *Primeiras Meditações Poéticas* e *Novas Meditações Poéticas* celebraram o autor e influenciaram o Romantismo na França e em todo o mundo.

[124]  Super flumina Babylonis sediamus et flevimus.

[125]  MARLOWE, Christopher. (1564-1593). Dramaturgo, poeta e tradutor inglês, viveu no Período Elizabetano. É considerado o maior renovador da forma do teatro do período com a introdução dos versos brancos, estrutura que será empregada por Shakespeare. Algumas de suas obras: *História do doutor Fausto; Fausto*.

[126]  O mon âme, change-toi en petites gouttes d'eau, et tombe dans l'Océan, à jamais introuvable (ER, p. 125).

[127]  ÉLUARD, Éluard (1895-1952). Pseudônimo de Eugène Emile Paul Grindel, foi um poeta francês, autor de poemas contra o nazismo que circularam clandestinamente durante a Segunda Guerra

E Bachelard, ao findar o capítulo sobre os complexos de Caronte e de Ofélia, também traz a sua contribuição, dizendo: *A água fechada carrega a morte dentro de si. A água torna a morte elementar. A água morre com o morto em sua substância. A água é então um nada substancial. Não podemos ir mais longe no desespero. Para algumas almas, a água é a matéria-prima do desespero*[128].

---

Mundial. A sua obra é extensa. Com Benjamin Péret, escreve *152 poèmes*. Com Andre Breton, *No defeito do silêncio* e *Imaculada Concepção*. Com Breton e René Char, *Trabalhos*.

[128] L'eau fermée prend la mort en son sein. L'eau rend la mort élémentaire. L'eau meurt avec le mort dans sa substance. L'eau est alors un néant substantiel. On ne peut aller plus loin dans le désespoir. Pour certaines âmes, l'eau est la matière du désespoir (ER, p. 125).

# A ÁGUA E SUAS MISTURAS

> *A imaginação material, a imaginação dos quatro elementos, ainda que privilegie um elemento, gosta de brincar com as imagens de suas combinações. Ela quer que seu elemento favorito permeie tudo, ela quer que ele seja a substância de um mundo inteiro.*
>
> (Bachelard)

Dos quatro elementos, a água é o que melhor ilustra a combinação dos poderes, pela facilidade com que assimila substâncias e concilia matérias contrárias, como o sal e o açúcar, impregnando-se de todas as cores, de todo os odores e sabores.

Ao escrever *A Formação do espírito científico*, Bachelard quis, segundo confessou, separar as condições do devaneio e as condições do pensamento. Agora, no capítulo IV de *A água e os sonhos*, intitulado Águas compostas[129], confessa que seu propósito é inverso – mostrar como os sonhos, os devaneios se associam aos conhecimentos, e como a imaginação material realiza ou promove a combinação dos quatro elementos fundamentais.

Tanto a imaginação formal quanto a imaginação material têm necessidade da combinação; mas a última, embora querendo que o seu elemento favorito impregne tudo, tornando-se a substância de todo um mundo, nem por isso abre mão de conservar a variedade do universo.

Ao espectador, que gosta de contemplar a combinação das diversas matérias, causa sempre admiração o fato de haver líquidos que não se misturam. Isso porque, para a imaginação material, qualquer líquido é água, tudo o que escorre é água e esta é, na verdade, o único líquido.

---

[129] Les eaux composées.

Bachelard se reporta aos tempos da *Física Elementar*, com o exemplo dos quatro líquidos que, superpostos em uma garrafa, por ordem de densidade, e nela sacudidos conjuntamente, não se misturam quando cessada a agitação. Essa experiência, que ilustra, de modo bastante simples, uma lei da hidrostática, mesmo dando da doutrina dos quatro elementos uma imagem pueril, nem por isso deixa de oferecer à imaginação filosófica um pretexto para ultrapassá-la.

Para o espírito moderno, racionalista, a explicação é clara e imediata, residindo na diferença de densidade dos líquidos; ao contrário, para o espírito pré-científico (Bachelard menciona o exemplo do Fabricius[130]), cada líquido representaria um dos quatro elementos fundamentais: o *negro*, no fundo da garrafa, seria a *terra*, o cinzento, a ele sobreposto, a água, o terceiro líquido, de cor *azul*, seria o *ar*, e o mais leve, o *vermelho*, o *fogo*, a todos sobreposto.

Traço marcante nessas combinações imaginárias é a reunião de dois elementos, nunca de três: a *imaginação material* reúne água e *terra*, água e *fogo*, *terra* e *fogo* e, até, no vapor ou na bruma, o *ar* e a água; jamais a tríplice união – água, fogo e terra. Não seria o caso de *dois é bom, três é demais?*

Os quatro elementos, dois femininos (água e terra) e dois masculinos (ar e fogo), formam pares antitéticos:

## ÁGUA X FOGO

## AR X TERRA

Cada um deles tem seus símbolos: o da água é a *ondina*, o do fogo, a *salamandra*, o do *ar*, os *elfos* e as *sílfides*, o da *terra*, o *gnomo*, que vão, de maneira diferente, impressionar a imaginação material.

---

[130] FABRICIUS, Johann Albert (1668-1736). Bibliotecário, filósofo, teólogo, filólogo clássico e editor. Credita-se a Fabricius 128 livros. Ele foi um celebrado biógrafo e colecionador de manuscritos e muitos de seus volumes são compilações, edições ou antologias. Um dos mais famosos e trabalhosos foi a *Bibliotheca Latina*. As divisões dessa compilação são: *Os autores da era de Tibério; De Tibério até a dinastia antonina; Dos antoninos até o declínio da língua; Fragmentos de autores antigos e capítulos da literatura do cristianismo primitivo.*

Nas histórias infantis, a presença desses símbolos é constante. Poderiam elas, também, ser interpretadas à luz de uma teoria bachelardiana, como a dos quatro elementos fundamentais? E as fábulas, das esópicas às de La Fontaine[131], com sua carga alegórica e seus personagens simbólicos, seriam passíveis de uma análise crítica nos mesmos moldes?

São perguntas que ficam no ar, podem flutuar na água, mas não devem ser enterradas e nem entregues às chamas...

Apesar de Bachelard não se referir a isso, é cabível lembrar, agora, o *signo de Salomão*, a estrela de seis pontas, que contém os quatro elementos fundamentais reunidos e em cujos pontos laterais se situam as quatro propriedades fundamentais da matéria, que manifestam as correspondências entre os quatro elementos e suas dualidades, opostas duas a duas:

Figura 1 – Símbolo que nos permitiu relacionar os quatro elementos e suas respectivas combinações

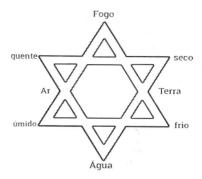

O *fogo* combina o *quente* e o *seco*, a água, o *úmido* e o *frio* a *terra*, o *seco* e o *frio* e o *ar*, o *quente* e o *úmido*[132].

Fonte: o autor

---

[131] LA FONTAINE, Jean de. (1621-1695). Poeta e fabulista francês. Autor das fábulas, *A Lebre e a Tartaruga; o Lobo e o Cordeiro*, entre outras. Ingressou no Oratório de Reims, mas logo viu que a vida religiosa não lhe agradava. Estudou Direito em Paris, mas também o estudo das leis não lhe agradava. Escreveu também a comédia *Clymène* e o poema *Adônis*.

[132] CHEVALIER, Jean; CHEERBRANDT, Alain. **Dictionnaire des symboles**. Ed. Seghers e Ed. Jupter, 1974, p. 131.

Nenhuma imagem pode receber os quatro elementos porque a imaginação material tem necessidade de eleger uma só matéria e privilegiá-la com as combinações possíveis. Se aparecer uma união ternária, tratar-se-á de uma imagem factícia, de uma imagem feita com ideias. As verdadeiras imagens do devaneio são *unitárias* ou *binárias*.

Bachelard esclarece que esse caráter dualístico dos elementos tem uma razão decisiva: *essa mistura é sempre um casamento*. Duas substâncias elementares unidas e fundidas uma à outra se sexualizam, porque, no campo da imaginação, o ser resultante dessa combinação é um ser de sexos opostos.

Quando a mistura se faz entre duas matérias femininas (água e terra), uma delas se masculiniza para dominar a parceira.

Bachelard adverte, agora, que vai tratar, de maneira breve, da combinação água/fogo porque já estudara a questão na *Psicanálise do Fogo*, ao examinar as imagens sugeridas pelo álcool, matéria estranha que, ao se cobrir de chamas, parece aceitar um fenômeno contrário à sua própria substância. Volta a fazer referência ao *complexo de Hoffmann*, necessidade de experiência do álcool, e logo menciona Geoffroy[133], com seu *Tratado da matéria médica*[134], que tentara explicar o cheiro de betume e de enxofre nas águas termais sem se referir logo à substância desses corpos, lembrando, ao contrário, que ambos eram *a matéria e o produto do fogo*, o que faz imaginar as águas quentes como composição direta da água e do fogo.

Nos poetas, o caráter direto da combinação será ainda mais decisivo, provocando o aparecimento de súbitas e ousadas metáforas, comprovantes da força da imagem original. O exemplo apresentado é a última frase de Gambara[135], em Balzac[136], que,

---

[133] SAINT-HILAIRE, Etienne Geoffroy. (1772-1844). Naturalista e zoólogo francês. É considerado o fundador da teratologia, ramo da Medicina que estuda as malformações congênitas. Algumas de suas obras: *Histoire naturelle des mammifères: avec des figures originales coloriées, dessinées d'après des animaux vivans*.

[134] Traité de la Matière médicale.

[135] GAMBARA é uma novela de Honoré de Balzac, surgida em 1837, na **Revue et gazette musicale de Paris**, a pedido de Maurice Schlesinger, editor de música originário de Berlim.

[136] BALZAC, Honoré (1799-1850). Escritor francês, um grande retratista da burguesia do século XIX. Entre suas obras, destacam-se *Gambara; A Comédia Humana e A Mulher de Trinta Anos*, do qual se originou o termo "balzaquiana".

sem a menor explicação, afirma: *A água é um corpo queimado*[137], a que se pode comparar a de Novalis, *A água é uma chama úmida*[138], e contrapor o apelo de Rimbaud[139] *em Uma temporada no Inferno: eu exijo. Eu exijo! um golpe de forquilha, uma gota de fogo!*[140]

Nessas gotas de fogo, nas chamas molhadas, como não ver, diz Bachelard, os duplos germes de uma imaginação que condensa duas matérias. E acrescenta: *Quão subordinada é a imaginação das formas diante de tal imaginação da matéria!*[141]

Mas o devaneio que toca, de maneira mais profunda, a imaginação material é, precisamente, o casamento dos contrários: a água extingue o *fogo*, como a *mulher* aplaca o *ardor*. A água e o fogo aparecem como a única contradição verdadeiramente substancial, correspondendo ao apelo de um ao outro e, sexualmente, ao desejo de um pelo outro. Exclama Bachelard: *Como sonhar com pais maiores do que a água e o fogo!*[142]

E outras imagens primordiais do devaneio familiar, do Rig-Veda[143] a Goethe, são mencionadas pelo filósofo da imaginação para ilustrar o casamento água/fogo, todas mostrando na umidade quente (*l'humidité chaude*) a ambivalência materializada.

---

[137] L'eau est un corps brûlé...

[138] L'eau est une flamme mouillée...

[139] RIMBAUD, Jean-Nicolas Arthur (1854-1891). Poeta francês. Produziu suas obras mais famosas quando ainda era adolescente sendo descrito por Paul James, à época, como o poeta de língua francesa que soube desde a qualidade dos sentidos manifestar sua poesia e predileção pela linguagem. Obras: O livro Correspondência. Há também o filme-biografia, Eclipse de uma paixão, em que o poeta é interpretado por Leonardo DiCaprio.

[140] Une saison en Enfer: Je réclame. Je réclame! un coup de fourche, une goutte de feu. (ER, p. 132)

[141] Combien subalterne apparaît l'imagination des formes devant une telle imagination de la matière! (ER, p. 133).

[142] Comment rêver de plus grands géniteurs que l'eau et le feu! (ER, p. 133).

[143] RIGUE VEDA ou Rigueveda, também chamado *Livro dos Hinos*, é uma antiga coleção indiana de hinos em **Sânscrito Védico**, o **Primeiro Veda** e é o mais importante veda, pois todos os outros derivaram dele. **Rigueveda** é o **Veda**, o documento mais antigo da literatura hindu, composto de hinos, rituais e oferendas às divindades. Possui 1028 hinos, sendo que a maioria se refere a oferendas de sacrifícios, algumas sem relação com o culto.

E as combinações da Água e da Noite? O próprio Bachelard indaga, ao tratar delas, se não estará derrogando suas teses gerais sobre o materialismo imaginário. A noite parece um fenômeno universal, que pode ser tomado como um ser imenso que se impõe à natureza inteira, mas que não atinge, em nada, as substâncias materiais. Quando personificada, torna-se uma deusa a que nada resiste, que envolve e oculta tudo – *a deusa do Véu* (*déesse du Voile*).

No devaneio das matérias, tão natural e invencível, a imaginação acolhe o sonho de uma noite ativa, insinuante, que penetra a matéria das coisas. Assim, considerada, a Noite deixa de ser a *deusa do Véu*, passa a ser substância, matéria noturna e é tomada pela imaginação *material*. A água, tão apropriada às misturas, é por ela penetrada e os lagos, os tanques se escurecem, impregnados de sua presença.

Por vezes, essa penetração é tão profunda que o lago conserva, em pleno dia, um pouco da matéria noturna, um pouco dessas trevas substanciais. Bachelard diz que ele se *estinfaliza* (stymphalises), isto é, torna-se um negro e perigoso pântano. Tal *estinfalização* não é simples metáfora, porque corresponde a um traço particular da imaginação melancólica, de aspecto sombrio. Tudo isso está ligado a uma tradição de lendas e narrativas, nas quais os lugares malditos são sempre mostrados como tendo, no centro, um lago de trevas e de horror.

Em vários poetas aparece um mar imaginário, que também acolhe a noite em seu seio. É o Mar das Trevas (Mare Tenebrarum), em que os navegantes antigos localizaram primeiro seus temores do que suas experiências. Allan Poe a ele se refere, em *Descida de Maelstrom*, como o panorama mais assustador que a imaginação humana poderia conceber.

A noite, à beira de um lago, traz consigo um modo específico, um *modo úmido* (*peur humide*), que penetra o sonhador e o faz tremer de susto. A conjunção dos dois elementos – água e noite – aumenta o pânico, antes menor quando considerado cada um deles isoladamente.

Nem sempre, porém, a união água/noite gera pavores. René Char[144] a ela se refere dizendo: *O mel da noite é consumido lentamente*[145]. E Paul Claudel, em sua obra *Conhecimento do Oriente*, escreve: *A noite está tão calma que me parece salgada*. E Bachelard completa: *A noite é como uma água mais leve que às vezes nos envolve bem de perto e vem nos refrescar os lábios. Absorvemos a noite porque há água dentro de nós*.[146]

É tempo de deixar a noite e tratar da união da água e da terra, que origina a *massa* (a pasta), um dos elementos fundamentais do materialismo, cujo estudo Bachelard estranha tenha sido negligenciado pela Filosofia, já que uma experiência primeira da matéria é dada por ela.

Na massa, a ação da água é evidente. Ela é a primeira auxiliar do operário e é pela sua ação que começa o primeiro devaneio de quem amassa e só depois vai modelar. Tem ambivalência ativa e, por isso, é sonhada em seu duplo papel de emoliente e de aglomerante.

Os antigos livros de química já diziam que a água temperava os outros elementos; destruindo a secura, detinha o fogo, vencia-o, acalmava a febre humana. Mais do que o martelo, abatia a terra e amolecia as substâncias, ligando-se a elas e promovendo os devaneios decorrentes dessa ligação.

Esse poder de *unir* substancialmente, pela comunidade de laços íntimos, era pelo operário atribuído ora à terra, ora à água, esta amada por sua viscosidade. Essa viscosidade, algumas vezes traço de uma fadiga onírica, impedia o sonho de prosseguir. Os sonhos vividos eram pegajosos, num meio igualmente viscoso. Tais sonhos, se fosse possível estudá-los sistematicamente, conduziriam ao conhecimento de uma imaginação *mesomorfa*, isto é, uma imaginação

---

[144] CHAR, René (1907-1988). Poeta francês. Inicialmente ligado ao grupo surrealista de Paris, publicou livros em coautoria com alguns destes, como Ralentir Travaux, com André Breton e Paul Éluard. Algumas de suas obras: *Arsenal; Le Poème pulvérisé; Feuillets d'Hypnos; Fureur et mystère*.

[145] Le miel de la nuit se consume lentement.

[146] Connaissance de l'Est: La nuit est si calme qu'elle me paraît salée. La nuit est comme une eau plus légère qui parfois nous enveloppe de tout près et vient rafraîchir nos lèvres. Nous absorbons la nuit par ce qu'il y a d'hydrique en nous (ER, p. 141).

intermediária entre a *imaginação formal* e a *imaginação material*. Os objetos desse sonho *mesomorfo* dificilmente adquiriam forma, logo a perdiam, desaparecendo como uma pasta. A esse objeto *viscoso, mole, preguiçoso e algo fosforescente*, Bachelard acredita que corresponda à densidade ontológica mais forte da vida onírica. Esses sonhos da pasta são, sucessivamente, uma luta, um pretexto, para criar, formar, deformar ou amassar. Victor Hugo assim se expressa no seu livro *Os Trabalhadores do Mar: Tudo se deforma, mesmo o desforme*[147].

A visão pura se cansa dos sólidos e quer sonhar com a deformação. Se a vida aceita, de fato, a liberdade do sonho, tudo se escoa em uma intuição viva. Disso seriam exemplos os relógios moles, de Salvador Dali[148], se estirando e se esgotando num canto de mesa, vivendo um espaço-tempo viscoso. Esse heracliteismo pictural está, diz Bachelard, sob a dependência de um devaneio de espantosa sinceridade, já que tão profundas deformações têm necessidade de inscrever a deformação na substância. O próprio Salvador Dali afirmou que o *relógio mole* é carne e queijo.

Como certos críticos, já anquilosados, veem tais deformações de maneira estática, elas são frequentemente mal compreendidas e consideradas verdadeiras insânias, passando, assim, despercebida a sua profunda força onírica.

Mesmo em espírito pré-cientíicos, como *Fabricius*, há traços de devaneios dessa espécie, em que a água é vista como *cola*, como substância encarregada, pelo inconsciente, de realizar a união com outros elementos, que nela teriam sua origem. Também em Boerhaave[149] (Elementos Químicos), mais evoluídos, ela é conside-

---

[147] Tout se déforme, même l'informe (ER, p. 144).

[148] DALÍ I DOMÈNECH, Salvador (1904-1989). Importante pintor espanhol, conhecido pelo seu trabalho surrealista. O trabalho de Dalí chama a atenção pela incrível combinação de imagens bizarras, oníricas, com excelente qualidade plástica. Dalí foi influenciado pelos mestres do classicismo, nos períodos: Surrealismo, Expressionismo, Pós-impressionismo. Algumas de suas obras: *Metamorfose de Narciso; A Última Ceia; Natureza-Morta Viva*.

[149] BOERHAAVE, Herman (1668-1738). Médico, botânico e humanista neerlandês. É considerado o fundador do ensino clínico e do hospital acadêmico moderno. Sua principal realização foi demonstrar a relação dos sintomas com as lesões. Algumas de suas obras: *Institutiones Medicae; Elementa Chemiae*, um livro didático de química de renome mundial. *Phorismi de cognoscendis et curandis morbis*.

rada capaz de unir várias outras matérias, como a pedra, o tijolo, funcionando, assim, como uma espécie de *cola universal.*

Mas à observação visual deve juntar-se a tátil, já que a mão ajuda a conhecer a matéria na sua intimidade e, assim procedendo, ajuda a sonhar. Durante a amassadura, operação em que se pode fechar os olhos, o sonho é contínuo, o devaneio é íntimo, a ação é ritmada, nela tomando parte o corpo inteiro, o que é vital. Esse trabalho tem o caráter dominante da duração, que é o *ritmo.*

A massa ou pasta, resultado da união água/terra, produz a *mão dinâmica,* quase antítese da *mão geométrica do homo faber* bergsoniano. Órgão de energia, e não de formas, a mão dinâmica simboliza a imaginação da força.

Todo trabalho com massas leva à concepção de uma causa material verdadeiramente positiva e atuante. É uma *projeção* natural, caso particular do pensamento *projetante,* que transporta todos os pensamentos, todas as ações, todos os devaneios do homem às coisas, do operário à obra. A teoria bergsoniana do *homo faber* tem em vista apenas a *projeção* dos pensamentos claros, esquecendo ou negligenciando a projeção dos sonhos. Os ofícios que talham, que cortam, não dão sobre a matéria uma instrução bastante íntima; neles a projeção permanece externa, geométrica, sem que a matéria possa desempenhar o papel de suporte dos atos. Ela é somente resíduo dos atos e aquele que a talha não a separa. O *escultor,* diante do bloco de mármore, é um servo escrupuloso da causa formal, que *encontra a forma* pela *eliminação do informe.* Já o *modelador,* diante do bloco de argila, encontra a *forma* pela *deformação.* É ele quem está mais perto do sonho íntimo, do sonho vegetante.

Bachelard adverte que o verdadeiro gênio não separa, antes reúne, as lições da forma e da matéria. E lembra o exemplo de Rodin[150] , já mencionado em *A psicanálise do fogo,* que soubera conduzir o sonho da matéria.

---

[150] RODIN, François-Auguste-René (1840-1917). Conhecido como Auguste Rodin, foi um escultor francês. Apesar de ser geralmente considerado o progenitor da escultura moderna, não se propôs a se rebelar

Após falar rapidamente do justo entusiasmo das crianças pelas massas, Bachelard vai apreciar e caracterizar o trabalho de amassamento em seus elementos puramente ativos, desligando--os de sua tara ou de seu peso psicológico. E vai chegar às formas reduzidas das matérias elementares.

O *limo* é a poeira da água, como a *cinza* é a do fogo. O lodo, a cinza, a poeira e a fumaça darão imagens que permutarão incessantemente a sua matéria. E é por essas formas mais reduzidas que as matérias elementares se comunicam. Bachelard as considera, de certa maneira, as *quatro poeiras* dos quatro elementos, das quais o limo é a mais valorizada. A água, sob esse aspecto de lodo, trouxe à terra o princípio da fecundidade calma, lenta e garantida; o banho de limo é considerado como um princípio regenerador. Jules Michelet[151] (*La Montagne*) teria sido dos primeiros a compreender esse papel do lodo, mais tarde retomado por M. Ernest Seillière[152] (*A deusa da natureza e a deusa da vida*[153]), que fala do casamento substancial da água e da terra, realizado no pântano, união orgânica que vai ter ressonância na obra de Paul Claudel.

A argila será, para muitos, um tema de devaneio sem fim, já que o próprio homem está interessado em saber de que barro ou de que limo foi feito.

Bachelard faz referência, ainda, a uma página de Lubicz-Milosz[154] (*Miguel Mañara*), em que o autor diz que nós somos feitos de argila e de lágrimas.

---

contra o passado. Foi um dos artistas mais influentes do século XX, no período da Arte Moderna, Impressionismo, Simbolismo, Realismo. Algumas de suas obras: *O Pensador; O Beijo; A Porta do Inferno*.

[151] MICHELET, Jules (1798-1874). Filósofo e historiador francês. Umas de suas obras: *Introdução à História Universal; História de França; Memórias de Lutero*.

[152] SEILLIÈRE, Ernest-Antoine (1866-1955). Foi presidente da principal organização patronal francesa, o Conselho Nacional dos Empregadores Franceses (CNPF), que sob a sua presidência se tornou o Movimento das Empresas de França. Algumas de suas obras: *Psychoanalyse* freudienne ou psychologie impérialiste; Romantisme et démocratie romantique; Le Naturisme de Montaigne et autres essais.

[153] La déesse nature et la déesse vie.

[154] LUBICZ-MILOSZ, Oscar Vladislas de (1877-1939). Poeta, dramaturgo, romancista, ensaísta e representante da Lituânia na Liga das Nações. Algumas de suas obras: Miguel Mañara; The noble traveller; Ars Magna, Storge.

Quase terminando o capítulo sobre as águas compostas, Bachelard fala de mais um devaneio – o *da alma do ferreiro*, devaneio ao qual dá o qualificativo de *tardio*. Como o trabalho parte do sólido, o operário que o executa está, de início, consciente de uma vontade. E é a vontade que entra em cena, por primeiro, vindo depois a astúcia, o artifício, que, pelo fogo, vai conseguir a maleabilidade. Mas quando, sob a ação do martelo, começa a aparecer a deformação, quando as barras se curvam, qualquer coisa do sonho das deformações se insinua na alma do trabalhador, do ferreiro. Entreabrem-se, pouco a pouco, as portas do devaneio e nascem as *flores de ferro* que, exteriormente, imitam as glórias vegetais, mas, nem por isso, deixam de receber do operário uma força vegetante íntima.

Agora, o devaneio material vai ser apresentado sob um novo aspecto. Se, para amolecer o ferro, foi preciso um gigante, quando se tratar de distribuir, nas flores de ferro, a minúcia das inflexões, o gigante vai ceder lugar ao anão. E o *gnomo* sai, então, do metal, e a miniaturização de todos os *seres fantasmáticos* (êtres fantomatiques), torna-se uma forma imagética do devaneio dos elementos.

Quando se sonha, não diante do objeto, mas da substância, esses *pequenos* seres, forças elementares da matéria, acordam e desempenham um papel de substância, diante dos *grandes*, porque têm a mesma estrutura destes. Encerrando-se no *grande*, o *pequeno* se materializa.

O devaneio material conquista, assim, intimidade com as substâncias mais duras, mas hostis ao sonho de penetração, embora esteja mais à vontade no trabalho da massa. Esta, amolecida pelo elemento líquido, provoca no ferreiro-sonhador uma espécie de gratidão no tocante à água, que sempre lhe confere vitórias sobre a matéria compacta.

Tentar seguir os devaneios do *homo faber*, entregue à imaginação das matérias, seria trabalho interminável. Por que não examinar, então, um outro aspecto da água – o seu lado *maternal e feminino*.

# 6

# A ÁGUA É MATERNAL E FEMININA? A ÁGUA PURA?

*As lendas poéticas gostam de repetir que Afrodite nasceu da espuma das ondas: para um poeta, a brancura e a renda bastam para fazer uma mulher.*

(Bachelard)

Marie Bonaparte, citada, mais uma vez, por Bachelard, no quinto capítulo de *A água e os sonhos,* intitulado *A água materna e a água feminina*[155], diz que a natureza, para o homem adulto, é *uma mãe imensamente ampliada, eterna e projetada no infinito*[156]. Sentimentalmente, a natureza é uma projeção da mãe e, em particular, o mar é, para todos os homens, um dos maiores e mais constantes símbolos maternos. Em Allan Poe há exemplos constantes dessa projeção e dessa simbolização. Marie Bonaparte, sua biógrafa, ao rebater objeções dos que, desconhecendo a importância da realidade psicológica, diziam ter o poeta encontrado diretamente, quando menino, as alegrias marinhas, esclarece que o mar, somente ele, não seria suficiente para fascinar, como o faz, os seres humanos. *O mar canta para eles uma canção com duas pautas, das quais a mais alta, a mais superficial, não é a mais encantadora. É o canto profundo... que em todos os tempos sempre atraiu os homens ao mar.* E Bachelard completa: *esse canto profundo é a voz materna, a voz da nossa mãe*[157].

---

[155] L'eau maternelle et l'eau féminine.

[156] une mère immensement élargie, éternelle et projetée dans l'infini (ER, p. 156).

[157] La mer chante pour eux un chant à deux portées dont la plus haute, la plus superficielle, n'est pas la plus enchanteresse. C'est le chant profond... qui a, de tout temps, attiré les hommes vers la mer...Ce chant profond est la voix maternelle, la voix de notre mère (ER, p. 156).

Bachelard fala do amor filial como o primeiro princípio ativo de proteção de imagens, força inesgotável que se apossa de todas as imagens para pô-las na mais segura das perspectivas humanas – a *perspectiva maternal*. A prioridade histórica desse nosso primeiro sentimento jamais será destruída, por outros amores, porque a cronologia do coração é indestrutível. Quanto mais um sentimento de amor e de simpatia for metafórico, tanto mais terá necessidade de alimentar suas forças no sentimento fundamental.

Partindo do ponto de vista da imaginação material, é fácil ver que quem nos nutriu com seu leite, com sua própria substância, marca de maneira indelével imagens distantes e exteriores, que não podem ser analisadas e interpretadas corretamente pelos temas habituais da imaginação formal. Tais imagens, muito valorizadas, têm mais matéria do que forma.

Para a imaginação material, todo líquido é uma água. Esse é um princípio fundamental desse tipo de imaginação, que situa as raízes de todas as imagens substanciais em um dos quatro elementos primitivos. Isso já se justifica visual e dinamicamente, quando lembramos que, para a imaginação, tudo o que *corre* é água e participa de sua natureza. Água *corrente* tornou-se expressão consagrada.

Examinando o problema do ângulo psicanalítico, levadas as indagações ao inconsciente, chega-se a concluir que toda água é *leite*, ou, mais precisamente, toda bebida útil é um leite maternal. Tem-se, assim, o exemplo de uma explicação, em duas etapas, da imaginação material, em dois degraus sucessivos de profundeza inconsciente: de início, todo líquido é uma água, depois, toda água é um leite. O sonho tem raízes que descem ao grande inconsciente simples da vida infantil primitiva. Há, também, toda uma rede de raízes fasciculares que ficam mais na superfície, numa região em que se misturam o consciente e o inconsciente.

Bachelard vai, agora, mencionar uma obra que se pretende objetiva, quase erudita - *La Mer,* de Michelet, em que o autor reencontra naturalmente a imagem do *mar de leite*, do *mar vital*, do *mar alimento* de todos os homens. E é no mesmo escritor que ele vai encontrar a melhor prova de que a imagem nutriente (*nourricière*) comanda todas as outras, quando Michelet não hesita, no plano cósmico, a passar de leite ao seio: este é arredondado porque intumescido pelo leite, prova de que a matéria comanda a forma.

Bachelard conclui: *A poesia do mar na obra de Michelet é, portanto, um devaneio que vive em uma zona profunda. O mar é maternal, a água é um leite prodigioso; a terra prepara em suas matrizes um alimento morno e fecundo; nas margens, incham os seios que fornecerão a todas as criaturas átomos de gordura. O otimismo é uma abundância*[158].

Pergunta-se, agora: a simples contemplação dos espetáculos da natureza é capaz, por si só, de provocar imagens diretas?

Inúmeros poetas, inspirados numa visão tranquila, falaram da *beleza láctea* de um lago sereno, iluminado pela lua, imagem muito familiar à poesia das águas. À primeira vista, essa imagem parece muito desconfortável às teses bachelardianas da imaginação material. Garante o autor que, na verdade, a imagem serve para provar que é pela matéria, não pela forma, que se pode explicar a sedução por ela exercida sobre tantos poetas.

E como se concebe, fisicamente, a realidade dessa imagem, ou, dizendo de outro modo, quais as condições objetivas que determinam a sua produção? Para que a imagem láctea se ofereça à imaginação, num lago adormecido, à luz do luar, é preciso que esse luar seja difuso, a água, um pouco agitada, mais translúcida do que transparente, um tanto opaca, enfim, é preciso que ela se opalize. Tal estado será suficiente para fazer pensar num jato de leite, no leite *objetivo*?

Bachelard responde que não. Imagem não tem nem seu princípio, nem sua força, nos dados visuais. É preciso que a ela se acrescente outros componentes não visíveis, para que seja capaz de impressionar e convencer o poeta. É por esses componentes

---

[158] La poésie de la mer chez Michelet est donc une rêverie qui vit dans une zone profonde. La mer est maternelle, l'eau est un lait prodigieux; la terre prépare en ses matrices un aliment tiède et fécond; sur les rivages se gonflent des seins qui donneront à toutes les créatures des atomes gras. L'optimisme est une abondance (ER, p. 161).

que vai se manifestar a imaginação material. Somente uma psicologia da imaginação material poderá explicar essa imagem na sua totalidade e na sua vida real. E o crítico esclarece num trecho que, embora longo, convém transcrever:

> Então, o que é basicamente essa imagem de água leitosa? É a imagem de uma noite quente e feliz, a imagem de uma matéria clara e envolvente, uma imagem que pega, ao mesmo tempo, o ar e a água, o céu e a terra e os une, uma imagem cósmica, ampla, imensa, suave. Se realmente a vemos, reconhecemos que não é o mundo que está banhado pela luz leitosa da lua, mas sim o espectador que se banha numa felicidade tão física e tão certa que lembra o mais antigo bem-estar, o mais doce dos alimentos. Além disso, o leite do rio nunca será congelado. Um poeta nunca nos dirá que a lua de inverno derrama uma luz leitosa sobre as águas. O calor do ar, a suavidade da luz, a paz da alma são necessários à imagem. Esses são os componentes materiais da imagem. A brancura só virá mais tarde. Ela será deduzida. Ela se apresentará como um adjetivo trazido pelo substantivo, depois do substantivo. No reino dos sonhos, a ordem das palavras que deseja que uma cor seja branca como o leite é enganosa. O sonhador pega primeiro o leite, seu olho sonolento então enxerga, às vezes, a brancura.[159]

O *imaginário*, prossegue Bachelard, não encontra suas raízes profundas e nutrientes nas *imagens*, porque, de início, tem necessidade de uma *presença* mais próxima, mais envolvente, mas

---

[159] Quelle est donc au fond cette image d'une eau laiteuse? C'est l'image d'une nuit tiède et heureuse, l'image d'une matière claire et enveloppante, une image qui prend à la fois l'air et l'eau, le ciel et la terre et qui les unit, une image cosmique, large, immense, douce. Si on la vit vraiment, on reconnaît que ce n'est pas le monde qui est baigné dans la clarté laiteuse de la lune, mais bien le spectateur qui baigne dans un bonheur si physique et si sûr qu'il rappelle le plus ancien bien-être, la plus douce des nourritures. Aussi, jamais le lait de la rivière ne sera glacé. Jamais un poète ne nous dira que la lune d'hiver verse une lumière laiteuse sur les eaux. La tièdeur de l'air, la douceur de la lumière, la paix de l'âme sont nécessaires à l'image. Voilà les composantes matérielles de l'image. La blancheur ne viendra qu'après. Elle sera déduite. Elle se présentera comme un adjectif amené par le substantif, après le substantif. Dans le règne des rêves, l'ordre des mots qui veut qu'une couleur soit blanche comme du lait, est trompeur. Le rêveur prend d'abord le lait, son œil ensommeillé en voit ensuite, quelquefois, la blancheur (ER, p. 163).

material. A realidade imaginativa é evocada, antes de ser descrita, porque a poesia é sempre um vocativo. A *lua*, no reino poético, é matéria, antes de ser forma, é um fluido que penetra o sonhador. E Bachelard diz, citando Martin Buber[160] :

> (*Je et Tu/Eu e tu*): *O homem, em seu estado de poesia natural e primária, não pensa na lua que vê todas as noites, até a noite em que, dormindo ou acordado, ela vem em sua direção, se aproxima dele, o enfeitiça com seus gestos ou lhe dá prazer ou dor com seus toques. O que ele guarda não é a imagem de um disco luminoso movente, nem de um ser demoníaco que de alguma forma estaria ligado a ele, mas antes de tudo a imagem motriz, a imagem emotiva, do fluido lunar que atravessa o corpo... Qual a melhor forma de dizer que a lua é uma influência, no sentido astrológico do termo, uma matéria cósmica que, em certos momentos, permeia o universo e lhe dá uma unidade material?[161]*

O caráter cósmico das lembranças orgânicas não chega a surpreender, desde que se compreenda a imaginação material como uma imaginação primeira.

Abonando suas teses, Bachelard apresenta exemplos tirados de Edgar Allan Poe e Paul Claudel, em suas obras *Aventuras de Arthur Gordon Pym*[162] e *Conhecimento do Oriente*[163], respectivamente, em que a presença da água, como inspiradora de imagens, é uma constante.

---

[160] BUBER, Martin Mordechai (1878-1965). Filósofo, escritor e pedagogo, austríaco e naturalizado israelense, nascido no seio de uma família judaica ortodoxa de tendência sionista. Em suas publicações filosóficas, deu ênfase à sua ideia de que não há existência sem comunicação e diálogo, e que os objetos não existem sem que haja uma interação com eles. Algumas de suas obras: *Eu e Tu; Moisés; Entre homem e homem; O Eclipse de Deus.*

[161] L'homme, dans son état de poésie naturelle et première, ne pense pas à la lune qu'il voit toutes les nuits, jusqu'à la nuit où, dans le sommeil ou dans la veille, elle vient vers lui, s'approche de lui, l'ensorcelle par ses gestes ou lui donne plaisir ou peine par ses attouchements. Ce qu'il conserve, ce n'est pas l'image d'un disque lumineux ambulant, ni celle d'un être démoniaque qui y serait attaché en quelque façon, mais d'abord l'image motrice, l'image émotive, du fluide lunaire qui traverse le corps... Comment mieux dire que la lune est une influence au sens astrologique du terme, une matière cosmique qui, à certaines heures, imprègne l'univers et lui donne une matérielle unité? (ER, p. 164-165).

[162] Aventures de Arthur Gordon Pym.

[163] Connaissance de l'Est.

Como, para o inconsciente, a água é um leite, é também considerada, ao longo da história do pensamento científico, um princípio eminentemente *nutritivo*. Para o espírito pré-científico, a nutrição é mais uma função *explicativa* do que uma função a *explicar*. Desse espírito ao científico vai se operar uma inversão nas explicações dos biólogos e dos químicos, os últimos tentando explicar a Biologia pela Química e os primeiros procedendo em sentido contrário. A água, que desaltera o homem, também banha a terra. O espírito pré-científico pensa, concretamente, imagens que o científico toma por simples metáforas; pensa, por exemplo, que a terra bebe a água. Em Fabrício, em pleno século XVIII, a água é concebida como servindo para *nutrir a terra e o ar*, e nisso estaria o maior dos valores elementares.

Uma psicanálise profunda da imaginação material (que Bachelard afirma não ser propósito de seu livro) deveria empreender uma psicologia das bebidas e dos filtros e apresentar a dialética do álcool e do leite, do fogo e da água: Dioniso contra Cibele.

Cinquenta anos antes de Bachelard haver escrito *A água e os sonhos*, Maurice Kufferath[164], em sua obra Tristão e Isolda[165], já tratara das *bebidas amorosas* como a própria imagem do grande mistério da vida, a representação plástica do amor, da sua incompreensível eclosão, de seu poderoso futuro, de sua passagem do sonho à plena consciência, graças à qual, finalmente, sua essência trágica apareceria. E o mesmo autor esclarece, no tocante aos *filtros de amor*, que eles não desempenham qualquer papel físico, porque seu papel é puramente *psicológico*.

Bachelard não vai se deter nessa questão dos filtros de amor, porque seu propósito é insistir sobre as matérias fundamentais e, principalmente, na bebida fundamental – a água, concebida como

---

[164] KUFFERATH, Maurice (1852-1919). Jornalista, musicólogo, diretor da orquestra belga. Algumas de suas obras: *Berlioz und Schumann; L'art de diriger l'orch; Musiciens et philosophes; Les abus de la Société des auteurs.*

[165] **Tristão e Isolda** é uma história lendária sobre o trágico amor entre o cavaleiro Tristão, originário da Cornualha, e a princesa irlandesa Isolda. De origem medieval, a lenda foi contada e recontada em muitas diferentes versões ao longo dos séculos, obra de KUFFERATH, Maurice.

elemento nutritivo, água-leite, água maternizada, verdadeiro ultra-leite, o leite da mãe das mães.

Não é apenas essa valorização substancial que faz da água um leite inesgotável e a marca com caráter profundamente feminino. Na vida sonhada de todo homem, aparece uma segunda mulher – esposa ou amante – que também vai ser projetada na natureza. Ao lado da mãe-paisagem vai figurar a mulher-paisagem. Sem dúvida, essas duas naturezas projetadas poderão interferir ou se ocultar, mas haverá casos em que se poderá distingui-las.

Bachelard se propõe a dar um exemplo em que a mulher-natureza aparece de maneira clara, afirmando o substancialismo feminino da água. Esse exemplo é tirado de uma página de Novalis[166] - o poema inacabado *Henri d'Ofterdingen*. É a passagem em que o poeta-personagem-título, num sonho, após haver lavado as mãos e o rosto em um tanque, experimenta insuperável desejo de banhar-se, sem que visão alguma a isso o convide, obedecendo apenas ao apelo da própria *substância* tocada com as mãos e os lábios, que o chama *materialmente*, em virtude, parece-lhe, de uma participação mágica. Obediente, o sonhador se despe e entra no tanque; só então as imagens vêm, deixam sua matéria, nascem como de um germe, de uma realidade sensual primitiva, de uma embriaguez que ainda não sabe se projetar. Vale a pena transcrever o trecho citado, em tradução de Albert:

> *De todos os cantos surgiam imagens desconhecidas que também se fundiam umas nas outras, para se tornarem seres visíveis e circundarem (o sonhador), de modo que cada onda do elemento delicioso se colava a ele intimamente, como a um suave peito. Parecia que nessa inundação havia se dissolvido um grupo de moças charmosas que, por um momento, voltavam a ser corpos em contato com o jovem[167].*

---

[166] HARDENBERG, Friedrich von (1772-1801). Escritor alemão, conhecido como Novalis. Poeta, romancista e teórico do Romantismo, teve nessa tripla qualidade apreciável influência a nível europeu. Algumas obras: Spiritual Songs: Hymns and Thoughts on Religion by Novalis; Spiritual Hymns: The Disciples at Saïs and Other Fragments.

[167] De toutes parts surgissaient des images inconnues qui se fondaient, également, l'une dans l'autre, pour devenir des êtres visibles et entourer (le rêveur), de sorte que chaque onde du délicieux

Bachelard comenta a página como um exemplo maravilhoso de uma imaginação profundamente materializada, em que a água, em volume e em massa, não mais no simples brilho de seus reflexos, aparece como *a moça dissolvida*, como *uma essência líquida de donzela*[168].

As formas femininas nascerão da própria substância da água, ao contato do peito masculino, no momento em que o desejo do homem se manifestar. A *substância voluptuosa*, porém, existe antes das formas de volúpia.

Não se configura, contudo, em Novalis, o *complexo do Cisne*, pois para isso seria *preciso a prova* de visibilidade das imagens primitivas, o que não se verificou. As visões não são ativas porque as encantadoras jovens não tardam a se dissolver, e o deslumbrado sonhador continuará sua vida, sem com elas ter vivido qualquer aventura.

Os seres do sonho, em Novalis, só existem quando tocados; a água só se torna mulher quando se encosta no peito masculino. E esse caráter físico de certos sonhos novalianos parece merecer, diz Bachelard, um nome:

> *Em vez de dizer que Novalis é um Vidente que vê o invisível, diríamos facilmente que é um Tocante que toca o intangível, o impalpável, o irreal. Ele vai mais fundo do que todos os sonhadores. Seu sonho é um sonho dentro de um sonho, não no sentido etéreo, mas no sentido de profundidade. Ele adormece durante o próprio sono, ele vive um sono dentro do sono. Quem não desejou, ou mesmo viveu, esse segundo sono, em uma cripta mais escondida? Então os seres oníricos se aproximam mais de nós, vêm nos tocar, vêm viver em nossa carne, como um fogo surdo.*[169]

---

élément se collait à lui étroitement ainsi qu'une douce poitrine. Il semblait que dans ce flot se fût dissous un groupe de charmantes filles qui, pour un instant, redevenaient des corps au contact du jeune homme (ER, p. 171-172).

[168] la jeune fille dissoute... essence liquide de jeune fille.

[169] Au lieu de dire que Novalis est un Voyant qui voit l'invisible, nous dirions volontiers que c'est un Touchant qui touche l'intouchable, l'impalpable, l'irréel. Il va plus au fond que tous les rêveurs.

Em *A Psicanálise do fogo,* Bachelard já havia declarado que a imaginação de Novalis era comandada por *calorismo*, isto é, um desejo de substância quente, doce, tépida, envolvente e protetora, pela necessidade de uma matéria que envolvesse o ser inteiro e nele penetrasse intimamente.

Depois de mencionar vários exemplos de ritos de imersão, em que as águas se purificam graças ao mergulho de seres puros, jovens virgens que descem às fontes, Bachelard acusa a Psicologia de não dar à imaginação da matéria a necessária atenção, cultivando na Literatura apenas a imagem formal, a imagem clara.

No sonho de Novalis, mais uma característica – a de pertencer à categoria dos *sonhos acalentados*. O sonhador que entra na água maravilhosa tem, como primeira impressão, a do repouso entre nuvens e só mais tarde acreditará que está deitado na relva macia. Essa impressão de repousar entre nuvens, ou de descansar na relva macia, provém da água: nuvem e relva são expressões, água é a impressão. No sonho de Novalis ela está sempre no centro da experiência e continua a embalar o sonhador, mesmo depois de ele estar repousando na margem. Este é um exemplo da ação permanente do elemento material o – *onírico*.

Dos quatro elementos, somente a água é capaz de embalar. Esse é um traço a mais do seu caráter feminino, porque ela embala como uma mãe o faz.

Os sonhos e os devaneios da água convidam a viagens imaginárias e dão o gosto do infinito. Perto da água, ou sobre elas, aprende-se a vagar nas nuvens e nadar no céu.

A água que embala, que faz adormecer, que acalenta os sonhos, é, por excelência, para a imaginação material, a substância pura. Ela se oferece como um símbolo natural de pureza e dá um sentido preciso a uma psicologia da purificação. E é essa psico-

---

Son rêve est un rêve dans un rêve, non pas dans le sens éthéré mais dans le sens de la profondeur. Il s'endort dans son sommeil même, il vit un sommeil dans le sommeil. Qui n'a pas désiré, sinon vécu, ce deuxième sommeil, dans une crypte plus cachée? Alors les êtres du rêve s'approchent davantage de nous, ils viennent nous toucher, ils viennent vivre dans notre chair, comme un feu sourd (ER, p. 172-173).

logia, ligada a modelos maternais, que *Bachelard* vai esboçar no sexto capítulo de *A água e os sonhos,* intitulado *Pureza e purificação. A moral da água*[170].

Ele começa salientando a presença dos temas sociais na origem das grandes categorias da valorização. Afirma que a verdadeira valorização é de essência social, é feita de valores que querem se permutar e que têm uma marca conhecida e designada para todos os membros do grupo. Mas, diz Bachelard, é preciso levar em conta uma valorização dos devaneios inconfessados, dos devaneios do sonhador que foge à sociedade e pretende tomar o mundo como única companhia. Claro que essa solidão não é total: o sonhador isolado conserva, em particular, valores oníricos ligados à linguagem, e conserva a poesia própria da linguagem de sua raça, porque não pode escapar inteiramente à tradição. Mesmo o poeta mais inovador, mais liberado dos hábitos sociais, não deixa de transportar, para os seus poemas, germes que provém do fundo social da linguagem.

Formas e palavras não são toda a poesia e precisam, para ser encadeadas, de certos temas materiais. É necessário que certas matérias transportem para nós seu poder onírico, uma espécie de solidez poética que dá unidade aos verdadeiros poemas. É preciso que sejam postas em ordem, não apenas nossas ideias, mas também os nossos sonhos. Não se pode depositar o *ideal de pureza* em qualquer lugar ou em qualquer matéria. Por mais poderosos que sejam os ritos de purificação, precisam dirigir-se a uma matéria que possa simbolizá-los. A água clara é uma tentação constante para o simbolismo fácil da pureza.

Por uma questão de método, Bachelard diz que está obrigado a deixar de lado o caráter sociológico de ideia de pureza. Daí sua prudência com os dados da mitologia, só utilizando quando fortemente atuantes na obra do poeta, ou no devaneio solitário. No momento em que as formas e os conceitos se esclerosam tão depressa, a imaginação material permanece uma força atuante

---

[170] L'eau et les rêves. Pureté et purification. La morale de l'eau.

e atual, capaz de reanimar, sem cessar, imagens tradicionais e várias outras velhas formas mitológicas, transformando-as, dando-lhes vida nova, já que forma alguma pode modificar-se por si mesma. Se soubermos reencontrar, apesar da cultura um pouco do devaneio natural, compreenderemos o simbolismo como força material. Nosso devaneio pessoal, naturalmente, reformaria os símbolos atávicos porque eles são símbolos naturais. Uma vez mais, é preciso compreender que o sonho é uma força da natureza; não se pode conhecer a pureza sem antes sonhá-la e nem se pode sonhá-la, com intensidade, sem nela ver a marca, a prova, a substância na natureza.

Ninguém pode fazer psicologia da imaginação fundamentando-se sobre os princípios da razão, como necessidade primeira.

Para um espírito moderno, a diferença entre uma água pura e outra impura é inteiramente racionalizada. Ao examinarem certas prescrições antigas, para a conservação da pureza das águas dos rios ou das fontes, alguns psicólogos logo viram nelas preceitos elementares de higiene. Para Bachelard, somente as explicações psicanalíticas aclaram as proibições, já registradas por Hesíodo[171], como, por exemplo, a de urinar nas nascentes das fontes ou na embocadura dos rios que correm para o mar, ou, ainda, urinar de frente para o sol; na verdade, tais proibições nada têm a ver com preceitos de higiene, indicando, antes o protesto viril contra os símbolos materno e paterno. O crime praticado contra as águas é, na verdade, um crime praticado contra a natureza-mãe.

Nas lendas antigas, muitos são os castigos aplicados, pelas forças personificadas da natureza, aos que maculavam a pureza das águas. As fadas protetoras dessas, reunidas em conciliábulos, desejavam-lhes toda sorte de desgraças, que quase sempre aconteciam. Daí o medo de desobedecer a prescrições estabelecidas.

---

[171] HESÍODO foi um dos maiores poetas gregos da Idade Arcaica. Viveu aproximadamente no ano 800 a.C. na Beócia, no centro da Grécia. Passou parte de sua vida na sua cidade natal, a aldeia de Ascra. Sua obra se encontra ao lado da de Homero, e os dois se destacam por serem os pilares da cultura grega antiga. Sua obra mais conhecida é a *Teogonia*, que nos conta como o mundo surgiu a partir dos primeiros deuses, seus amores e suas lutas. Teogonia significa "o nascimento dos deuses".

Com o andar dos tempos, esse tipo de lenda foi perdendo sua forma onírica e sua ação sobre o inconsciente. Em consequência, não havia mais proteção para as fontes, por parte das fadas. Surgiram, então, prescrição de higiene pública, desenvolvidas em atmosfera de racionalidade, mas incapazes de suprir os contos, porque, para lutar contra o impulso do inconsciente, seria preciso, diz Bachelard, um conto ativo, uma fábula que inventariasse o próprio eixo dos impulsos oníricos.

Esses impulsos oníricos, na verdade, trabalham o espírito humano tanto para o bem como para o mal. Se o riacho poluído pelos esgotos e pelas usinas causa repugnância, a fonte de águas puras, com sua limpidez, desperta sensações agradáveis, ligadas a realidades valorizadas.

Multiplicando exemplos desse caráter ambivalente da água, Bachelard conclui que o maniqueísmo[172] da água pura e da água impura não é um maniqueísmo equilibrado, porque a balança moral pende sempre para o lado da pureza, do bem. No folclore universal são poucas as fontes malditas. O diabo raramente está em relação com as fontes e estas quase nunca levam seu nome; em compensação, um grande número delas tem nomes de santos ou de fadas.

Nem sempre é possível dar à purificação pela água uma base racional, porque purificar não é pura e simplesmente assear. Nada autoriza a falar da limpeza como uma necessidade primitiva, reconhecida pelo homem em sua sabedoria inata. E Bachelard cita o exemplo dado por Edward Tylor[173] – *A civilização Primitiva*[174]

---

[172] Maniqueísmo: doutrina do persa Mani ou Manes. Seita religiosa, segundo a qual o Universo foi criado e é dominado por dois princípios antagônicos e irredutíveis: Deus ou o bem absoluto e o mal absoluto ou o diabo. **Dicionário da Língua Portuguesa**, 2010, p. 1328.

[173] TYLOR, Edward Burnett (1832-1917). Antropólogo britânico. Era irmão do geólogo Alfred Tylor. Tylor filia-se à escola antropológica do evolucionismo social. Considerado o pai do conceito moderno de cultura. Ele vê, porém, a cultura humana como única, pois defende que os diferentes povos sofreriam convergência de suas práticas culturais ao longo de seu desenvolvimento, ideia que não é consenso hoje em dia. Algumas de suas obras: *Cultura primitiva* e *Antropologia*. Ele introduziu o termo animismo (a fé na alma individual ou anima de todas as coisas e manifestações naturais) no senso comum. Ele considerou animismo como o primeiro estágio de desenvolvimento de todas as religiões.

[174] La Civilization Primitive.

–, em que a purificação da água não traz qualquer relação com cuidados de higiene: *Os Cafres, que se lavam para se purificar de uma mancha de convenção, nunca se lavam na vida comum. Poderíamos, portanto, afirmar este paradoxo: o Cafre só lava o corpo quando tem a alma suja*[175]. Tylor menciona, ainda, um outro exemplo – o dos fiéis persas, levando o princípio da purificação tão longe que, para retirar pelas abluções qualquer espécie de sujeira, chegam a lavar os olhos quando veem um infiel. Entretanto, seu país se despovoa por falta das mais comezinhas regras de higiene, de vez que lá é comum ver-se um crente, à beira de um tanque em que várias pessoas já se lavaram, antes dele, erguer com as mãos a espuma que recobre a água, antes de nela mergulhar, assegurando-se, assim, da pureza recomendada pela lei. Num caso desses, a água pura é tão valorizada que nada pode corrompê-la. Ela é uma substância do bem.

No caso de sujeiras particularmente graves, impõe-se a purificação em várias fontes vivas; os culpados de homicídio, por exemplo, deveriam banhar-se em 14 fontes, para completa purificação.

Toda pureza é substancial e toda purificação deve ser considerada como a ação de uma substância. A psicologia da purificação resulta da imaginação material, não de uma experiência externa.

A purificação pela água não se faz somente pela *imersão*, mas também pela *aspersão*, e disso há exemplos nas várias mitologias e religiões: o ramo de oliveira, impregnado de água pura, livraria as pessoas de suas culpas, como Virgílio[176] mostrou na *Eneida*. A liturgia católica, por sua vez, usa, em suas cerimônias, a aspersão com hissope[177] , sempre com o sentido de purificação, pois fica moralmente lavado aquele que o foi fisicamente.

---

[175] Les Cafres, qui se lavent pour se purifier d'une souillure de convention, ne se lavent jamais dans la vie ordinaire. On pourrait donc énoncer ce paradoxe: Le Cafre ne se lave le corps que lorsqu'il a l'âme sale (ER, p. 192)

[176] MARA, Públio. Virgílio ou Marão (70 a.C. 19 a. C). Poeta romano clássico, autor de três grandes obras da literatura latina, as Éclogas; as *Geórgicas* e a *Eneida*. Uma série de poemas menores, contidos na Appendix vergiliana, são por vezes atribuídos a ele.

[177] Hissope, planta que se usa para as bênçãos.

Esses fatos não são excepcionais e sim exemplos de uma lei fundamental da *imaginação da matéria:* para a *imaginação material,* a substância valorizada pode agir, mesmo em quantidade mínima, sobre uma quantidade de outras substâncias. *Esta é a própria lei do devaneio da potência: segurar sob um pequeno volume, na palma da mão, o meio de dominação universa*[178].

No tema dialético da pureza e da impureza da água, essa lei fundamental age nos dois sentidos, o que é uma garantia do caráter eminentemente *ativo* da substância: uma gota de água pura é suficiente para purificar um oceano; uma gota de água impura basta para poluir um oceano. Tudo depende do sentido moral da ação escolhida pela imaginação material: se ela sonhar com o mal, propagará a impureza, fará eclodir o germe diabólico; se, ao contrário, sonhar com o bem, fará brilhar a pureza benfazeja.

Tanto a água pura como a impura são pensadas, não apenas como substâncias, mas como forças. Daí o caráter dinâmico de que se reveste a imaginação material. A matéria pura, por exemplo, tanto brilha, no sentido físico do termo, como irradia pureza; inversamente, é suscetível de absorver essa mesma pureza. Pode, assim, *conglomerar a pureza.*

É preciso relacionar o sonho de purificação, sugerido pela água límpida, e o sonho de renovação, sugerido pela água fresca. Mergulha-se na água para renascer renovado. A frescura, sensação corporal muito nítida, torna-se, às vezes, uma metáfora tão distanciada de sua base física, diz Bachelard, que se chega a falar de uma paisagem fresca, de um quadro fresco, de uma página literária cheia de frescor. O crítico não aceita que se diga haver *correspondência* entre o sentido próprio e o figurado, na metáfora citada.

> *Tal correspondência seria então apenas uma associação de ideias. Na verdade, ela é uma união viva de impressões sensíveis. Para quem realmente vive as evoluções da imaginação material, não há sentido figurado, todos os*

---

[178] C'est la loi même de la rêverie de puissance: tenir sous un petit volume, dans le creux de la main, le moyen de domination universelle (ER, p. 194).

> *sentidos figurados têm um certo peso de sensibilidade,*
> *uma certa matéria sensível; a chave é determinar essa*
> *matéria sensível persistente.*[179]

Bachelard vai se entregar, agora, a uma série de considerações sobre a *Fonte da Juventude,* cujas águas frescas rejuvenesceriam o rosto humano, esse rosto que o homem vê envelhecer, quando gostaria de mantê-lo jovem. Na verdade, a água fresca não rejuvenesce o rosto para os outros, mas para a própria pessoa. É esta que se sente rejuvenescer, ao se contemplar de uma maneira nova. A água fresca devolve as chamas do olhar. É este, portanto, que se renova e passa a ver renovação no rosto contemplado. Quem participa, verdadeiramente, da substância da água, nela *projeta* um olhar cheio de frescor; e essa impressão de *frescura,* que o mundo visível dá, é uma expressão de *frescor,* que o homem acordado projeta sobre as coisas. Assim, a *frescura* de uma paisagem nada mais é do que uma maneira de olhá-la. Essa ação direta da imaginação é evidente quando se trata da imaginação literária: o frescor de um estilo é a mais difícil das qualidades, dependendo do escritor e não do assunto tratado.

Bachelard comenta a cura pela água, a *hidroterapia,* como ligada à Fonte da Juventude. À água são atribuídas qualidades antitéticas aos males dos doentes. O homem projeta seu desejo de cura e sonha com a substância sensível. Essa hidroterapia não é somente periférica. Ela tem um componente central – desperta os centros nervosos; tem um componente moral – desperta o homem para a vida enérgica. A pureza e a frescura, quando reunidas, provocam uma alegria especial, muito conhecida dos que amam a água.

De tudo quanto ficou dito, é fácil compreender que a água--substância, a água em si, possa tomar, em certas imaginações, o lugar de uma matéria primordial. Ela aparece, então, como uma espécie de substância das substâncias, para a qual todas as outras

---

[179] Une telle correspondance ne serait alors qu'une association d'idées. En fait, elle est une vivante union d'impressions sensibles. Pour qui vit vraiment les évolutions de l'imagination matérielle, il n'y a pas de sens figuré, tous les sens figurés gardent un certain poids de sensibilité, une certaine matière sensible; le tout est de déterminer cette matière sensible persistante (ER, p. 197-198).

substâncias são atributos. Em seu simbolismo, ela sabe reunir tudo. Não foi sem motivo que Paul Claudel, em suas *Posições e propostas,* disse: *Tudo o que o coração deseja sempre pode ser reduzido à figura da água*[180] a que Bachelard acrescenta: *A água, o maior dos desejos, é o dom divino verdadeiramente inesgotável*[181].

Esse elemento de tanta ambivalência, que é a água, tem, ainda, um outro aspecto antitético – o contraste ente *a água doce e a água agitada*[182]. Qual deles será o privilegiado, na imaginação dos homens?

---

[180] Positions et propositions. Tout ce que le cœur désire peut toujours se réduire à la figure de l'eau (ER, p. 203).

[181] L'eau, le plus grand des désirs, est le don divin vraiment inépuisable (ER, p. 203).

[182] l'eau douce et l'eau violente.

# O RIO CONTRA O MAR

> *Nunca vimos bem o mundo se não*
> *sonhamos com o que vimos.*
> *(Bachelard)*

*A supremacia da água doce*[183] é o sétimo e o mais curto de todos os capítulos de *A água e os sonhos*. Nem por isso é o menos importante. Compõe, com os anteriores e como que se lhe segue imediatamente após, *A água violenta*[184], um conjunto orgânico, que faz do livro, na opinião de alguns críticos, o de melhor composição entre os que, na obra bachelardiana, tratam da teoria dos quatro elementos fundamentais.

Logo de início, Bachelard esclarece que, por se limitar, em seu estudo da água, a observações essencialmente psicológicas sobre a imaginação material, só buscará nas narrativas mitológicas exemplos que possam ser reanimados, no presente, em sonhos naturais e vivos. Enfim, exemplos de uma imaginação incessantemente inventiva, distanciada das rotinas da memória, exemplos capazes de fornecer imagens que ultrapassem as formas e atinjam a própria matéria. Não vai se preocupar, portanto, com a tradicional discussão sobre a origem dos mitos, de que tanto têm cuidado os estudiosos do assunto. As imagens materializadas, mais ou menos humanizadas, e não os mitos, serão levadas em consideração e o debate se fará conciliando doutrinas mitológicas extremas. O devaneio vai desempenhar o seu papel, ligando-se à realidade para humanizá-la, engrandecê-la, magnificá-la, de vez que todas as qualidades do real, quando sonhadas, tornam-se

---

[183] La suprémacie de l'eau douce.

[184] L'eau violente.

qualidades heroicas. Assim, para o devaneio da água, é ela que se torna a heroína da doçura e da pureza; a matéria sonhada não permanece objetiva e pode se dizer que ela se evemeriza[185].

Em todas as grandes forças da natureza há um evemerismo em potencial: o sonhador, que vê a água correr, evoca a origem lendária do rio, a fonte distante. Mas, adverte Bachelard, esse evemerismo secundário não nos deve levar ao esquecimento do sensualismo profundo e complexo da imaginação material. Por isso, ele tentará mostrar a importância do sensualismo na psicologia da água.

Esse sensualismo primitivo que traz argumentos para uma doutrina naturalista das imagens em ação nos mito apresenta um motivo para a supremacia da Água Doce das fontes sobre a do Oceano (o próprio autor grafa a palavra com maiúscula). Segundo esse *sensualismo*, a necessidade de sentir diretamente, de tocar, de provar, suplanta o prazer de ver, e o material da bebida pode obliterar o *idealismo* da visão.

> *Um ínfimo componente materialista pode distorcer uma cosmologia. As cosmologias sábias nos fazem esquecer que as cosmologias ingênuas têm características diretamente sensuais. Assim que dermos seu lugar de direito à imaginação material nas cosmogonias imaginárias, perceberemos que a água doce é a verdadeira água mítica.*[186]

Os mitólogos esqueceram o fato de a água do mar ser uma água inumana, a que falta o primeiro dever de todo elemento venerado – servir diretamente aos homens. Se os deuses do mar povoam as diversas mitologias, é preciso indagar se essa mitologia marinha pode ser, sob todos os aspectos, uma mitologia primitiva.

---

[185] Evemerismo: interpretação filosófica defendida por Evêmero de Missina (sec. IV e III a. C., segundo a qual os deuses são personagens humanos, extraídos de relatos tradicionais e acontecimentos históricos, divinizados pelos próprios homens. **Dicionário on-line.**

[186] Une composante matérialiste infime peut déformer une cosmologie. Les cosmologies savantes nous font oublier que les cosmologies naïves ont des traits directement sensuels. Dès qu'on donnera sa juste place à l'imagination matérielle dans les cosmogonies imaginaires, on se rendra compte que l'eau douce est la véritable eau mythique (ER, p. 205-206).

É evidente que essa mitologia do mar é, em primeiro lugar, uma mitologia local; isso contribui para que os historiadores, logo seduzidos pela lógica, decidam, facilmente, que os habitantes dos litorais serão marinheiros, já que homens, mulheres ou crianças apresentam, todos, experiência real e concreta do mar. Esquece-ram, todavia, que as viagens distantes, as aventuras marítimas, são, antes de tudo, aventuras e viagens *contadas*. Para a criança que escuta o viajante, a primeira experiência do mar provém da *narrativa*, do relato. Assim, o mar oferece contos, antes de oferecer sonhos. A divisão, tão importante do ponto de vista psicológico, entre *conto* e *mito*, não é clara na mitologia do mar. Sem dúvida, os contos provocam sonhos, estes, por sua vez, nutrem-se fracamente dos contos, mas os contos, sobretudo os do mar, não participam, de fato, do poder fabulador dos sonhos naturais, porque os relatos dos viajantes não são psicologicamente verificados pelos ouvintes.

O herói dos mares sempre vem de longe, jamais fala da costa, da margem. O mar assume aspecto fabuloso ao expressar-se pelos lábios do viajante da mais longínqua viagem; por isso, fantasia o distante. Ora, o sonho natural, ao contrário, fabula o que se vê, o que se come, o que se toca. Nos estudos psicológicos, apaga-se, sem razão, esse *expressionismo* primeiro que alimenta o *impressionismo* essencial do sonho e da imaginação material. Quem fala diz demais, para que o ouvinte sinta muito. O inconsciente marítimo é, desde então, um inconsciente *falado*, disperso nos relatos de aventuras, um inconsciente que não dorme e que logo perde suas forças oníricas. Ele é menos profundo do que o inconsciente que sonha com experiências comuns e que continua, nos sonhos noturnos, os intermináveis devaneios diurnos. A mitologia do mar raramente atinge as origens da fabulação.

Bachelard não se detém no estudo de uma mitologia a que ele chama de *ensinada*, porque a considera um obstáculo ao estudo psicológico exato dos mitos. Uma psicologia dos mitos terá de encontrar as coisas por trás de seus nomes, para ver o devaneio primitivo, natural e solidário, que acolhe a experiência de todos os sentidos e projeta todos os fantasmas sobre todos os objetos. Esse devaneio, mais uma vez, de pôr a água comum, a água quotidiana, antes do infinito dos mares.

Aos mitólogos modernos não escapa a superioridade da água terrestre sobre a marítima, equivale a dizer, da água doce sobre a salgada. Bachelard invoca, somente, os trabalhos de Charles Ploix[187] para quem o drama mitológico fundamental é *do dia e da noite*. Todos os heróis são solares, todas as divindades são divindades da luz. E, em todos os mitos, é sempre contada a mesma história – o triunfo do dia sobre a noite. E a emoção que os anima é a mais primitiva das emoções – o medo das trevas.

Na teoria mitológica de Ploix – *A natureza e os deuses*[188] –, todos os deuses, mesmo os que vivem sob a terra, *receberão uma auréola* porque virão participar, não importa quando, da alegria divina, da ação divina, que é sempre uma ação esplendorosa. De acordo com essa tese, o deus da água tomará parte no céu; este, que Zeus (ou Júpiter) tornou azul, claro, sereno, Poseidon[189] (Netuno) tornará cinzento e coberto de nuvens, e assim desempenhará, também, um papel no drama celeste permanente. Nuvens carregadas e nevoeiros serão *conceitos primitivos* da psicologia netuniana; como sinais precursores das chuvas, despertam um devaneio especial, um devaneio vegetal, que vive, verdadeiramente, o desejo dos prados pela chuva benfazeja. Em certos momentos, diz Bachelard, o ser humano é uma planta que deseja a água do céu.

Charles Ploix afirma ter sido Poseidon, primitivamente, um deus da água das fontes e dos rios, e só mais tarde, por extensão,

---

[187] PLOIX, Charles Martin (1824-1895). Engenheiro hidrógrafo da Marinha Francesa. Foi presidente da Sociedade Antropológica de Paris, da Sociedade de Tradições Populares e da Sociedade Linguística de Paris. Ele também permeava pelos caminhos da Antropologia, Linguística e Mitologia. Ele foi presidente da Sociedade Antropológica. Algumas de suas obras: *Meteorologia náutica*; *Consanguinity*; *Names of the Aryans*; *Linguistic society*; *The Nature of the Gods*.

[188] La Nature et les dieux.

[189] Poseidon é o nome dado ao deus dos mares e oceanos, segundo a mitologia grega; conhecido também como o deus Netuno, na mitologia romana. A figura mitológica de **Poseidon** é tida como a de um homem forte e imponente, sendo considerado um dos deuses mais poderosos e importantes na mitologia grega, assim como Zeus e Hades. **Phytalmios** - Nutridor de Plantas. As bênçãos das chuvas de **Poseidon** cobrem a terra com rios e a fecundam com fertilidade, sendo o deus dos mares, tempestades e chuvas que vêm de lá também estão sobre seu domínio.

passara a ser deus dos mares. Considerado, em determinadas crenças primitivas um deus da vegetação, a ponto de ser honrado como Poseidon Phytalmios, antes de ir do céu ao mar, foi do céu à terra, tornando-se deus da água doce, da água terrestre. *Todas as divindades vegetais são divindades de água doce, divindades parentes dos deuses da chuva e das nuvens*[190].

Foi Poseidon, com o seu tridente ou com a sua varinha mágica, que fez surgirem as fontes. Na mitologia, há exemplos de heróis que, em ação tipicamente masculina, provocaram o aparecimento de fontes, razão por que não há motivo para espanto, quando se reconhece, nas águas das fontes, uma água mais feminina do que qualquer outra.

Na origem, conclui Charles Ploix, Netuno foi um deus da água doce – das fontes e dos rios – que, ao se generalizar, passou a ser, também, deus do vasto mar, que não estava ligado a nenhum rio particular, e era já, uma espécie de divindade. Tornou-se deus do Oceano (Okeanos), que não deve ser entendido como o mesmo que mar e sim *como um grande reservatório de água doce (potamos), situado nas extremidades do mundo,* segundo palavras do próprio mitólogo.

Pergunta Bachelard: como dizer melhor que a intuição sonhadora da água doce persiste, a despeito das circunstâncias adversas? A água do céu, a da chuva fina, a da fonte amiga e salutar, dão lições mais diretas que todas as águas do mar. O sal deste é um entrave para o devaneio, por mais natural e material que esse devaneio seja. O devaneio natural é privilégio da água doce, da água refrescante, a única que desaltera.

Doçura e frescor são atributos para o aparecimento da metáfora que atribui à água doce todas as qualidades dulcificantes e também a pacificação das dores. Tudo isso se justifica porque, na imaginação do homem, a água doce será sempre uma água privilegiada.

E a água violenta, como se comportará? Todos os objetos do mundo recebem o seu coeficiente de adversidade, que, para Bachelard, não tem explicação satisfatória na *intencionalidade fenomeno-*

---

[190] Toute divinité végétale est une divinité de l'eau douce, une divinité parente avec les dieux de la pluie et des nuées (ER, p. 209).

*lógica*. Os exemplos dados pelos fenomenólogos não são capazes de pôr em evidência os graus de tensão da intencionalidade porque são demasiado formais, demasiado intelectuais. É preciso uma intenção formal, uma intenção dinâmica e uma intenção material, conjugadas, para que se compreenda o objeto em sua força, em sua resistência e em sua matéria, isto é, na sua totalidade. O mundo é tanto o espelho de nossa época quanto a reação de nossas forças. Se ele é a nossa vontade, é, também, o nosso adversário. Quanto maior a vontade, maior o adversário. Na batalha do homem e do mundo, não é este que toma a iniciativa.

De um ponto de vista ativista, os quatro elementos materiais são quatro tipos diferentes de provocação, quadro tipos de cólera.

A Psicologia, por sua vez, ciente do caráter ofensivo das ações humanas, iria encontrar, nos estudos da imaginação material, uma quádrupla raiz de cólera, e veria, nessas ações, comportamentos objetivos, em lugar de explosões aparentemente subjetivas. Ganharia, em tudo isso, elementos para simbolizar as cóleras dissimuladas ou violentas, obstinadas e vingativas.

Se a *provocação* é uma noção indispensável para compreender o papel ativo de nosso conhecimento do mundo, é porque não se faz psicologia com a derrota. Todos os sonhos construtivos se animam na esperança de uma adversidade ultrapassada, de um inimigo vencido. É o orgulho de uma vitória alcançada que dá unidade dinâmica ao ser, criando e alongando sua fibra nervosa; é ele que dá ao impulso vital um sucesso absoluto. É a sensação da vitória certa que dá a alegria soberana, a alegria viril de perfurar a realidade. Os reflexos de defesa são sempre dinamizados por um desejo de atacar, como se respondessem a um insulto e não a uma sensação. *E que não nos enganemos: o adversário insultuoso não é necessariamente um homem, as coisas também nos questionam. Por outro lado, em sua experiência audaciosa, o homem brutaliza a realidade*[191].

---

[191] Et qu'on ne s'y trompe pas: l'adversaire qui insulte n'est pas nécessairement un homme, déjà les choses nous questionnent. En revanche, dans son expérience audacieuse, l'homme brutalise le réel (ER, p. 215).

Encarando o reflexo humano como dinamizado pela provocação, pela necessidade de atacar as coisas, como um trabalho ofensivo, será fácil compreender que as vitórias sobre os quatro elementos materiais são particularmente saudáveis, tonificantes e renovadoras. Essas vitórias vão determinar quatro tipos de vigor e de coragem, suscetíveis de fornecerem, a uma classificação dos *comportamentos*, traços talvez mais importantes que a teoria dos quatro temperamentos. Os quatro elementos, por sua vez, irão especificar dinamicamente, mais do que materialmente, os quatro tipos terapêuticos.

Bachelard, depois de declarar que o propósito de seu livro é dar uma contribuição à psicologia da criação literária, vai opor a dinamogenia[192] do andarilho, que caminha contra o vento, à *dinamogenia** do nadador, que nada contra a corrente. Para ilustrar as duas posições, escolhe dois heróis literários (*deux héros littéraires*): Nietzsche[193], o *caminhante*, e Swinburne[194], o *nadador*.

Nietzsche educou, pacientemente, sua vontade de poder em longas caminhadas na montanha, ao ar livre, nos píncaros, e fez do *ato de andar o seu combate*, e sua luta. Zaratustra[195], o seu personagem, não falava sentado, nem passeando, como um *peripatético*; ministrava suas doutrinas andando vigorosamente, lançando-se contra os quatro ventos do céu. Sua luta contra o vento é, quase sempre, sem derrota. O *viandante intrépido* curva-se *para a frente*,

---

[192] Dinamogenia: superativação da função de um órgão devido a uma excitação de qualquer natureza.

[193] NIETZSCHE, Wilhelm Friedrich (1844-1900). Filósofo, filólogo, crítico cultural, poeta e compositor prussiano do século XIX, nascido na atual Alemanha. Escreveu vários textos criticando a religião, a moral, a cultura contemporânea, Filosofia e ciência, exibindo uma predileção por metáfora, ironia e aforismo. Algumas de suas obras: O Nascimento da Tragédia no Espírito da Música; *A Gaia Ciência*.

[194] SWINBURNE, Algernon Charles (1837-1909). Poeta, dramaturgo, romancista e crítico inglês da época vitoriana, conhecido pela controvérsia gerada no seu tempo pelos seus temas sadomasoquistas, lésbicos, fúnebres e antirreligiosos. Algumas de suas obras: *Mary Stuart; Poems and Ballads; Before Sunrise Songs.*

[195] Zaratustra, também conhecido na versão grega de seu nome Zoroastres ou Zoroastro, foi um profeta e poeta nascido na Pérsia no século VII a.C. Ele foi o fundador do Masdeísmo ou Zoroastrismo, religião adotada oficialmente pelo Império Aquemênida que pode ter sido a primeira religião monoteísta ética da história. Fundador do Zoroastrismo Persa. Entre os seus dogmas, estão a **Vinda do Messias; A** ressureição dos mortos; O julgamento final e **A translação dos bons para o** paraíso eterno. Inclui também a doutrina da imortalidade da alma e o seu julgamento.

contra o vento, e seu bastão fura a terra, golpeia a rajada. É um *herói do vento*, que não aceita a divisa do caniço: *Vergo e não me parto,* porque a considera *passiva*, contrária à sua natureza provocadora. E se lágrimas o vento lhes arranca, serão lágrimas do andarilho lutador, mais de raiva do que de pesar. Sua coléra se opõe à da tempestade e o vento, vencido, irá enxugar as lágrimas que provocou.

*E o caminhante, envolto na tempestade, com que facilidade ele simboliza a vitória de Samotrácia!*[196], exclama Bachelard. Como um estandarte ou uma bandeira, ele é um símbolo de coragem, uma prova de força.

Andar contra o vento, ou na montanha, é, sem dúvida, o exercício que melhor ajuda a vencer o *complexo de inferioridade*, e dá, reciprocamente, porque não vira finalidade (é marcha pura, tal como *poesia pura*) constantes e imediatas impressões de vontade de poder. A caminhada é, assim, a vontade de poder em estado discursivo.

E a luta do nadador contra a corrente, em que termos se faz?

Na água a vitória é mais rara, mais perigosa e mais meritória que no vento, porque o nadador conquista um elemento mais estranho à sua natureza. O jovem nadador é um herói precoce; seus primeiros exercícios de natação dão-lhe oportunidade de vencer o medo, provavelmente um duplo medo: o da água e de seu treinador, que, muitas vezes, o lança em água profunda. Por isso, não é de surpreender que um leve complexo edipiano se manifeste, já que o instrutor, com sua autoridade, lembra a figura do pai.

Bachelard menciona o exemplo de Edgar Allan Poe, que, temendo a água em que fora lançado, quando jovem, pelo pai nadador, tornou-se, depois, ele próprio, um intrépido nadador.

Outro herói das águas violentas é o inglês Swinburne, em cuja obra são frequentes os pensamentos e as metáforas relativas a uma poesia geral das águas, que viveu parte de sua infância na ilha de Wight, e, mais tarde, chegou a ter um rio particular, na propriedade de seus avós, perto da região lacustre e fluvial de Newcastle,

---

[196] Et le marcheur, drapé dans la tempête, comme il symbolise facilement une victoire de Samothrace! (ER, p. 218).

o que lhe deu uma certa impressão de pertencer à água, ao mar. Deste chegou ele a dizer, em um de seus poemas, que lhe era mais caro do que os próprios convites do amor, concluindo, com filial ternura: és uma mãe para mim[197]. Já adulto, Swinburne confessou ter tido medo de outras coisas, jamais do mar.

Bachelard diz que o *salto no mar* é a única imagem exata que se pode vivenciar do *salto no desconhecido* ou (*salto no escuro*). Não há qualquer outro salto real que seja um *salto desconhecido*. Este é um salto na água. É o primeiro salto do navegante noviço. *Quando uma expressão tão abstrata como saltar para o desconhecido encontra sua única razão numa experiência real, é a prova clara da importância psicológica dessa imagem. Acreditamos que a crítica literária não dá atenção suficiente aos elementos reais das imagens*[198]. Bachelard destaca o peso psicológico de uma locução como *um salto no desconhecido*, quando a imaginação material a restitui ao seu elemento.

Baseado em estudo de George Lafourcade[199], que analisou o jogo cenestésico da violência, abrindo caminho para numerosos temas psicanalíticos, Bachelard vai tentar uma classificação dos caracteres dinâmicos da experiência marinha, mostrando como os elementos da vida objetiva, simbolizam com os da vida interior, da vida íntima. Na ação muscular de nadar intervém uma ambivalência específica, que vai permitir reconhecer um complexo particular – *complexo de Swinburne*, assim chamado porque resume vários caracteres da poética do autor inglês.

Um complexo é sempre a charneira, o ponto de encontro de uma ambivalência, já que em torno dele a alegria e a dor estão sempre a trocar seus ardores. No ato de nadar, é fácil perceber o acúmulo de dualidades ambivalentes: a água fria, uma vez vencida,

---

[197] BACHELARD cite os versos no original inglês e na tradução apresentada no livro de REUL de Paul: L'eouvre de Swinburne.

[198] Quand une expression aussi abstraite que' le saut dans l'inconnu trouve son unique raison dans une expérience réelle, c'est la preuve évidente de l'importance psychologique de cette image. La critique littéraire ne donne pas assez d'attention, croyons-nous, aux éléments réels des images (ER, p. 223).

[199] Lafourcade, George (1837-1867). Escritor. Uma de suas obras: *La Jeunesse de Swinburne*.

provoca uma sensação de calor circulante, que anda pelo corpo todo, deixando uma espécie de frescor de tipo tonificante. O mar é o meio mecânico que responde às ofensivas do nadador. Este, mais do que ninguém, pode dizer que o mundo é a sua vontade, a sua provocação, e que é ele, nadador, quem agita o mar. E ao pensar nas próximas vitórias que irá conseguir, esse seu pensamento é uma provocação imaginada. Essa façanha, essa proeza sonhada pela vontade, é a experiência celebrada pelos poetas da água violenta.

Se o *complexo de Swinburne* desenvolve um complexo edipiano, é preciso que o cenário esteja à altura do personagem: o nado deve se fazer em águas naturais – lago ou rio – capazes de animar as forças complexuais. A solidão, também, é necessária, ideal mesmo, à psicologia do desafio cósmico, porque, para *projetar* bem a vontade é preciso estar só. Os poemas do nadar voluntário são poemas da solidão. À piscina faltará, sempre, o elemento psicológico fundamental, que torna o nado moralmente salutar.

Se a vontade oferece o tema dominante da poesia do nado, a sensibilidade nem por isso deixa de desempenhar o seu papel. E é graças a ela que a ambivalência especial da luta contra a água, com vitórias e derrotas, se insere na ambivalência clássica da tristeza e da alegria, ambivalência que não é equilibrada, porque traz, como consequência, a fadiga, destino do nadador; o *sadismo* inicial vai ceder lugar ao *masoquismo*.

Em Swinburne, na exaltação das águas violentas, diz Bachelard, sadismo e masoquismo estão, no início, bem misturados. Enquanto o poeta se julga vencedor da água, triunfa sadicamente, mas quando o adversário se torna mais forte, quando as ondas fustigam o corpo do nadador, instala-se o masoquismo.

Essa flagelação aparece em um *nado narrado*, como uma metáfora de metáfora, o que faz do masoquismo literário um masoquismo virtual. Na realidade do masoquismo psicológico, a flagelação é condição prévia do gozo; na *realidade literária*, é uma consequência que se segue ao prazer excessivo. No entanto, essa inversão não deve enganar porque a ambivalência do gozo e do sofrer marca os poemas, como marca a vida.

Grande parte da poética de Swinburne se explica pela imagem dominante da flagelação pelas ondas.

Bachelard afirma estar seguro de que o *complexo de Swinburne* será reconhecido por todos os nadadores que relatarem suas experiências e que fizerem delas um poema, porque é um *complexo poetizante*. Serviria, também, como tema de explicação útil para caracterizar certos estados psicológicos e certos poemas. O crítico indica Byron como exemplo de um poeta que também serviria para um estudo da poética do nado.

Uma psicologia completa da água iria encontrar, na Literatura, páginas que mostrariam uma comunhão dinâmica do nadador com suas ondas. Bachelard cita o exemplo de Coleridge, no estudo que sobre ele fez John Charpentier[200], quando este se refere a uma carta do poeta a Wedgood[201]: *Meu ser está repleto de vagas que ondulam e se desfazem, aqui e ali, como as coisas que não têm mestre comum*[202].

No devaneio coleridgeano, Bachelard vê a marca de um homem que não sabe *provocar* o mundo, e do nadador que não sabe provocar o mar.

Bachelard deixa de lado as metamorfoses pisciformes, pouco numerosas na Literatura, por ser bastante pobre a imaginação dinâmica da água, para se preocupar com o que ele chama de *complexo de Swinburne larvés*[203], de componentes estéticos muito diversos, e que vão mostrar alguns aspectos novos do devaneio e da literatura da água.

Haverá um tema mais banal do que o da *cólera do Oceano*?

---

[200] CHARPENTIER, John (1880-1949). Historiador, escritor. Obras: L'Ordre des Templiers; Rousseau: The Child of Nature.

[201] WEDGWOOD, Josiah (1730-1795). Ceramista, empresário e abolicionista inglês. Fundando a empresa Wedgwood em 1759, ele desenvolveu corpos de cerâmica aprimorados por meio de experimentação sistemática. Foi o líder na industrialização da fabricação de cerâmica europeia. Livros: *Wedgwood's Catalogue of Cameos*; *Intaglios*; *Medals*; *Bas-Reliefs*; *Busts and Small Statues*.

[202] Mon être est rempli de vagues qui roulent et s'écroulent, ici et là, comme les choses qui n'ont pas de maître commun (ER, p. 229).

[203] Complexe Swinburne Larvés.

Se o tema é banal, o mesmo não acontece com a *psicologia da cólera,* no fundo, uma das mais ricas e variadas, que vai da hipocrisia e da fraqueza ao cinismo e ao crime. A quantidade de estados psicológicos a projetar é muito maior na cólera do que no mar. As metáforas do mar feliz ou bom são menos numerosas que as do mau.

Como é seu propósito destacar o princípio de projeção dinâmica, Bachelard se propõe a estudar apenas um caso bem definido de projeção da violência, descartando, na medida do possível, a influência das imagens visuais, e seguindo certas atitudes que participam da intimidade dinâmica do universo.

É Balzac, com seu livro *A criança amaldiçoada*[204], o escritor escolhido, já que essa obra mostra uma alma em total correspondência com a vida dinâmica do mar.

Etienne, o menino maldito, parece voltado, desde seu nascimento, à cólera do Oceano. Nascido numa noite de tempestade, parece marcado, para sempre, com o signo fatal de uma vida de criança maldita.

Balzac, em sua narrativa, mostra que, no sentido swendemborgiano, há correspondência entre a vida de um elemento em fúria e a vida de uma consciência infeliz. Por várias vezes, o próprio Etienne encontrará misteriosa correspondência entre suas emoções e os movimentos do mar. Uma espécie de ciência oculta lhe permitia a adivinhação dos pensamentos da matéria, levando-o a reconhecer nesta um pensamento, um devaneio, transmitidos ao ser humano. Essa ciência oculta da criança maldita não é simples habilidade taumatúrgica[205] e nada tem de comum com a *sabedoria erudita* de um Fausto. É, a um só tempo, uma pré-ciência obscura e um conhecimento direto da vida dos elementos. Não foi adquirido em laboratório, trabalhando substâncias, mas em face da Natureza, diante do Oceano e em solitária meditação...

---

[204] L'Enfant maudit.

[205] Taumatúrgica: capacidade para impressionar através da realização de milagres ou prodígios. **Dicionário on-line.**

De página em página, Balzac multiplica exemplos da correspondência oceano/homem, que finda por estabelecer uma simpatia do menino pelo mar, que se torna um ser animado, pensante.

Bachelard adverte que seria um erro ver nas páginas de Balzac um simples e banal animismo, ou mesmo um artifício literário para animar o cenário com o personagem. O romancista encontrou nuanças psicológicas tão raramente notadas, que essa novidade é a garantia de uma observação psicológica real. Devem ser consideradas como observações muito instrutivas para uma psicologia da imaginação dinâmica.

A vontade de poder entra em cena: entre Etienne e o Oceano não há somente uma simpatia vaga; há, sobretudo, uma *simpatia colérica* ou *encolerizada,* uma comunicação direta e reversível de violências. Os *sinais objetivos* da tempestade não são mais necessários para que o menino possa prevê-la. Essa previsão não é de ordem *semiológica* e sim *psicológica*. Revela, na verdade, a psicologia de uma cólera e o recíproco acordo de vontade de poder.

Nesse exemplo do *complexo de Swinburne larvé,* Balzac encontrou um traço psicológico real, que prova *a generalidade de uma ação singular.* A criança que, diante do mar, procura dar ordens às vagas e pretende ser obedecida, exercita a sua vontade de poder. Ao comandar as ondas, está, também, ela, dando um exemplo de *complexo de Swinburne larvé.*

Na opinião de Bachelard, a crítica literária ainda não prestou a devida atenção para esse tipo de complexo, que tem dado à Literatura páginas muito características.

Depois de mencionar vários outros exemplos do *complexo de Swinburne,* Bachelard lança a pergunta, por ele próprio logo respondida: *Qual é a verdadeira calma humana?* A calma conquistada sobre si mesmo, não é a calma natural. É a calma conquistada contra a violência e contra a cólera. Ela desarma o adversário, a ele se impondo, e declara a paz no mundo.

A cólera é um conhecimento primeiro da imaginação dinâmica: é dada e recebida. É a mais direta das transações do homem com as coisas. Não suscita imagens vãs porque é ela que dá as imagens dinâmicas primeiras.

A água violenta é um dos primeiros esquemas de cólera universal. Por isso, não há epopeia sem uma cena de tempestade: a Odisseia, a Eneida, a Francíada e a tempestade, do Canto *VI d'Os Lusíadas*, que Bachelard não menciona, comprovam a afirmativa.

O complexo de Swinburne anima uma filosofia grandiosa, em que o homem, consciente de sua força sobre-humana, se eleva às alturas de um Netuno dominador. Bachelard dá um exemplo, tirado do *Segundo Fausto*, em que o personagem tentara deter o mar com o olhar, e aproxima esse exemplo ao da criança que, em Michelet, atira pedras às ondas, considerando em ambos a mesma imagem da imaginação dinâmica e o mesmo sonho de vontade de poder. Tal aproximação, diz o autor, faz compreender que em toda vontade de poder há sempre um pouco de ingenuidade. E conclui:

> O destino da vontade de potência é, de fato, sonhar com uma potência além do poder efetivo. Sem essa franja de sonhos, a vontade de potência seria impotente. É por meio de seus sonhos que a vontade de potência é mais ofensiva. Portanto, aquele que deseja ser um super-homem naturalmente encontra os mesmos sonhos que a criança que gostaria de ser um homem. Comandar o mar é um sonho super-humano. É ao mesmo tempo uma vontade de gênio e uma vontade de criança.[206]

No *complexo de Swinburne*, complexo da psicologia das águas violentas, os elementos masoquistas são numerosos. A ele pode ser associado um outro complexo, nitidamente sadista, a qual Bachelard chama de *complexo de Xerxes*, baseado no episódio histórico-lendário do rei da Pérsia – Xerxes – que mandou açoi-

---

[206] Le destin de la volonté de puissance est, en effet, de rêver la puissance au-delà du pouvoir effectif. Sans cette frange de rêve, la volonté de puissance serait impuissante. C'est par ses rêves que la volonté de puissance est la plus offensive. Dès lors, celui qui veut être un surhomme retrouve tout naturellement les mêmes rêves que l'enfant qui voudrait être un homme. Commander la mer est un rêve surhumain. C'est à la fois une volonté de génie et une volonté d'enfant (ER, p. 240).

tar o *Helesponto* porque uma tempestade, neste desencadeada, derruba a ponte entre as cidades de Sestos e Abydos, por ele mandada construir.

O fato, narrado pelo historiador Heródoto, anedota isolada ou loucura excepcional, seria destituído da importância para um estudo da imaginação, não houvesse outros exemplos semelhantes, como o de Ciro, rei dos persas, ameaçando o rio Gynde, que afogara alguns de seus cavalos sagrados, ou o dos turcos, fazendo um juiz pronunciar sentença contra o Inachus que, ultrapassando as próprias margens, invadira os campos, ou, ainda, o das mulheres dos pescadores da Grécia e da Sérvia, também flagelando o mar, culpado do desaparecimento de seus maridos.

Todas essas violências estão sob a dependência de uma psicologia do ressentimento, da vingança indireta e simbólica.

Bachelard menciona, ainda, exemplos de uma *psicologia da implicância*, em que águas calmas, excitadas e bastonadas, terminam por se irritar, tornando-se tempestuosa.

Como psicólogo literário, ele vai, agora, mostrar que os complexos de Xerxes são ativos no devaneio de certos escritores. Um dos exemplos é encontrado no *Ahasverus*, de Edgar Quinet[207], em que o rei, orgulhoso e seguro de sua vontade de poder, desafia o Oceano; o outro é de Victor Hugo, em os *Trabalhadores do Mar*, e se dá um sentido contrário, quando o mar, opondo resistência a Mess Lethierry, acaba se retirando, envergonhado da resistência de um homem só. Diz Bachelard que, refletindo bem, ver-se-á nessa imagem do mar vencido uma simples metáfora do ato insensato de Xerxes.

Um grande poeta retoma os pensamentos primitivos e, em sua pena, a ingenuidade das lendas adquire novo aspecto, novas belezas. É o caso de Paul Claudel que, retomando de Heródoto o episódio em que Xerxes manda marcar o Helesponto com ferro em brasa, usa, no início de *Partilha do Meio-Dia*[208], esta imagem, qualificada

---

[207]  QUINET, Edgar (1803-1875). Intelectual e historiador francês. Algumas de suas obras: *Merlim l'enchanteur; Tablettes du juif errant; Ideen zur Philosophie der Geschichte der Menschheit*.

[208]  Partage du Midi.

por Bachelard de esplêndida: *O mar, o espinhaço resplandecente, é como uma vaca abatida que se marca com ferro quente*[209]. E Bachelard acrescenta: *A metáfora, fisicamente inadmissível, psicologicamente insana, é, no entanto, uma verdade poética. Isso porque a metáfora é o fenômeno da alma poética. É também um fenômeno da natureza, uma projeção da natureza humana na natureza universal*[210].

Se nós nos esforçarmos para encontrar, antes de nossas experiências efetivas, as experiências imaginárias que temos no sono, perceberemos que, no reino do imaginário, o do devaneio, o dia nos é dado para verificarmos as experiências de nossas noites. Acordados somos capazes de grandes reflexões indo do sonho à realidade...

Numa última observação, Bachelard diz que as imagens literárias, corretamente dinamizadas, dinamizam o leitor, promovendo em sua alma uma espécie de higiene física da leitura, uma ginástica imaginária, uma ginástica dos centros nervosos. Não fosse a retórica, com sua insípida enciclopédia do belo, com suas pueris racionalizações do claro, que não nos permite uma verdadeira fidelidade ao nosso elemento, viveríamos bem melhor o fantasma real de nossa natureza imaginária, que, dominando nossa vida, dar-nos-ia a verdade do nosso ser, a energia do nosso próprio dinamismo.

A água, quer violenta, quer calma, fala e dá lições. É preciso ouvir a sua voz...

---

[209] La mer, l'échine resplendissante, est comme une vâche terrassée que l'on marque au fer rouge (ER, p. 246).

[210] La métaphore, physiquement inadmissible, psychologiquement insensée, est cependant une vérité poétique. C'est que la métaphore est le phénomène de l'âme poétique. C'est encore un phénomène de la nature, une projection de la nature humaine sur la nature universelle (ER, p. 246-247).

# 8

# A ÁGUA E SUA VOZ

*Na dor e na alegria, no seu tumulto e na sua paz, nas suas piadas e nas suas queixas, a fonte é, de fato, como diz Paul Fort, o Verbo que se faz águas.*
*(Bachelard)*

Na conclusão de seu livro, intitulado *A palavra da água*[211], Bachelard declara sua intenção de reunir as lições de lirismo dados pelo rio, todas de grande unidade, e que são verdadeiras lições de um elemento fundamental.

Para mostrar a unidade vocal da poesia da água, vai desenvolver um paradoxo extremo: a água é a senhora de linguagem fluida, sem choques, da linguagem contínua e continuada, que torna flexível o ritmo e dá uma matéria uniforme a ritmos diferentes. Não é à toa que se fala de uma poesia fluida e animada, que mana (verte) na fonte.

Opondo-se à opinião de Paul de Reul[212], que vê no uso constante das consoantes líquidas, em Swinburne, uma tendência para impedir o acúmulo e o choque de outras consoantes, o que o leva a multiplicar sons de transição, Bachelard considera essa liquidez (*liquidité*) como o próprio desejo da linguagem, que quer fluir e o faz naturalmente.

Assim pensando, o crítico faz restrições à *poesia imitativa*, que lhe parece condenada à superficialidade, pois só retém, dos sons vivos, a brutalidade e as imperícias, dando em resultado a mecânica sonora e não uma sonoridade humana e viva.

---

[211] La parole de l'eau.

[212] REUL, Paul de. (1871-1945). Escritor. Uma de suas obras: *L'oeuvre de Swinburne*.

Para a boa reprodução de um ruído, é preciso produzi-lo mais profundamente ainda, viver a vontade de produzi-lo. Se o poeta falar de um galope, é necessário que nos induza a mover as pernas, a correr de maneira semelhante à do movimento assimétrico do golpe. É essa preparação dinâmica que leva à audição ativa, que faz falar, mover e ver. Mas a imaginação reprodutora mascara e entrava a imaginação criadora. O verdadeiro domínio para estudar a imaginação não é a pintura, é a obra literária, é a palavra, a frase. A forma é pouca coisa porque quem comanda, de fato, é a matéria.

Se há, como quer Balzac, mistérios escondidos em toda palavra humana, esse mistério, contrapõe Bachelard, não está necessariamente nas origens, nas raízes, nas formas antigas. Há palavras, desconhecidas dos antigos, que são verdadeiras joias misteriosas de uma língua. Uma dessas palavras é *rivière*, incomunicável a outras línguas, que se contrapõe à brutalidade sonora da palavra inglesa *river* e é a mais francesa de todas as palavras. É uma palavra que é feita com a imagem visual da margem imóvel e que, no entanto, nunca cessa de fluir[213].

A propósito da afirmativa de Bachoffen[214] de ser o **A** a vogal da água (*aqua, apa, wasser*)[215] , Bachelard esclarece que isso é o fenômeno da criação pela água. O **A** marca uma matéria primeira, é a letra inicial do poema universal e é, ainda, a letra do repouso da alma na mística tibetana.

Sabendo que será acusado de aceitar, como razões sólidas, simples aproximações verbais, Bachelard refuta a objeção como uma recusa de sentir, na sua vida profunda, a correspondência do verbo com o real. Na verdade, o que se pretende com tal objeção

---

[213] C'est un mot qui est fait avec l'image visuelle de la rive immobile et qui cependant n'en finit pas de couler... (ER, p. 252).

[214] BACHOFEN, Johann Jakob (1815-1887). Jurista e antropólogo suíço, professor de Direito romano. Ele é frequentemente associado às suas teorias sobre o matriarcado na Pré-história. Seu livro publicado: *Mother Right: an investigation of the religious and juridical character of matriarchy in the Ancient World*. Bachofen reuniu documentos demonstrando que a maternidade é a fonte de todas as sociedades humanas, religião, moral e decoro. Ele teorizou sobre um "direito-de-mãe" dentro do contexto de uma religião matriarcal ou Urreligião.

[215] Latim, romeno, alemão.

é descartar todo um domínio da imaginação criadora: a imaginação pela palavra, pelo falar, *a imaginação que goza muscularmente do falar, que fala com volubilidade e que aumenta o volume psíquico do ser*[216]. Essa imaginação sabe bem que o rio é uma palavra sem pontuação, e que o seu canto é uma maravilhosa logorreia[217] da natureza-criança.

Quando não se apreende facilmente esse aspecto da *imaginação falante*, é porque se está dando um sentido demais restrito à função da onomatopeia, pretendendo que ela seja um eco e se guie inteiramente pela audição, o que leva esquecer que o *som é apenas uma parte do mimologismo.*

Há, na atividade poética, uma espécie de reflexo condicionado, reflexo estranho, porque traz três raízes, reunindo impressões auditivas, visuais e vocais. Essas últimas são dominantes; a voz *projeta visões*. A vocalização comanda a pintura dos verdadeiros poetas. Há uma vitória da imaginação do verbo sobre a imaginação visual, ou, simplesmente, uma vitória da imaginação criadora sobre o realismo.

Não há grande poesia sem largos intervalos de repouso e lentidão; não há grandes poemas sem silêncio. A água é, também, um modelo de calma e silêncio. A água dormente e silenciosa, diz Claudel, põe nas paisagens *lagos de cantos*. Perto dela a gravidade poética se aprofunda e a água vive um grande silêncio materializado.

A água tem vozes indiretas; é, de todos os elementos, o mais fiel *espelho das vozes*, segundo Tristan Tzara[218] . O melro canta como uma cascata de água pura; seu gorjeio é um cristal que cai ou uma cascata que morre. Ele não canta para o céu e sim para uma água próxima.

---

[216] l'imagination qui jouit musculairement de parler, qui parle avec volubillté et qui augment le volume psychique de l'être (ER, p. 253).

[217] Logorreia: compulsão para falar, loquacidade exagerada.

[218] TZARA, Tristan (1896-1963). Poeta romeno, judeu e francês, um dos iniciadores do Dadaísmo. Em plena Primeira Guerra Mundial, um grupo de refugiados em Zurique, na Suíça, iniciou o movimento artístico e literário chamado Dadaísmo, com o intuito de chocar a burguesia. Embora tenha sido integrante do movimento Dadaísta, Tzara também se aproximou, em suas obras, de outros movimentos literários como o Surrealismo e o Simbolismo. Algumas de suas obras: *Em nossos pássaros*; *O homem aproximado*; *Onde os lobos bebem*; *Meio-dia ganhou*.

Se não houvesse, nas vozes da natureza, a reduplicação das onomatopeias, seria difícil entender poeticamente as vozes naturais. A arte tem necessidade de se instruir nos reflexos, a música, nos ecos. É imitando que se inventa.

Tudo é eco no Universo. Se, aos olhos de alguns linguistas sonhadores, os pássaros são os primeiros fonadores que inspiraram os homens, eles, por sua vez, imitaram vozes da natureza. Na verdade, todos os timbres da natureza morta ou animada têm seu eco e sua consonância na natureza viva.

Bachelard qualifica de salutares as correspondências das imagens com as palavras. Um psiquismo doloroso, um psiquismo enlouquecido será ajudado pela frescura de um riacho ou de um rio, desde que o ser infeliz saiba falar a qualquer dos dois.

A água fala, sim. E a sua palavra (VOZ) é palavra poética.

Gaston Bachelard mostra bem tudo isso em *A água e os sonhos – Ensaio sobre a imaginação da matéria*[219], o segundo dos cincos livros sobre os quatro elementos fundamentais, ao qual vai se seguir *O ar e os sonhos – Ensaio sobre a imaginação do movimento*[220]. Mais dois outros livros – *A terra e os devaneios da vontade* e *A terra e os devaneios do repouso*[221]; e termina a poética dos elementos. Na verdade, vai um pouco mais além: *A poética do espaço* e *A poética do devaneio*[222], obras em que Bachelard segue o método fenomenológico, não apresentam ruptura com a psicanálise das anteriores, já que, para o autor, a fenomenologia não é uma simples descrição dos fenômenos exteriores, mas, sobretudo, uma tomada de consciência dos fenômenos psicológicos, como bem mostrou Vincent Therrien em seu livro *A revolução de Gaston Bachelard na crítica literária – Seus fundamentos, suas técnicas, seu alcance*[223].

---

[219] L'eau et les rêves – Essai sur l'imagination de la matière.

[220] L'air et les songes – Essai sur l'imagination du mouvement.

[221] La terre et les rêveries de la volonté; La terre et les rêveries du repos.

[222] La Poétique de l'espace et La Poétique de la rêverie.

[223] La révolution de Gaston Bachelard en critique littéraire – Ses fondements, ses techniques, sa portée.

# 9

# CONSIDERAÇÕES FINAIS

Ressalte-se que uma das coisas que marca e encanta em Gaston Bachelard é o fato de ele ter consciência da necessidade de se ter um conhecimento amplo da Literatura e das várias áreas do conhecimento humano. Bachelard não se prende a uma única ideologia, mas vai procurando, aproveitando, meditando, pontuando e conhecendo com sabedoria o pensamento de cada autor, a fim de, serenamente, constuir seu próprio pensamento.

Bachelard perpassa pelo caminho das letras, principalmente no que tange ao aspecto poético, das Ciências Humanas, Ciências Exatas e Biológicas, sem esquecer os conhecimentos da Filosofia empírica e até mesmo da alquimia. Percebe Bachelard que todos esses conhecimentos são importantes a qualquer trabalho que se pretenda realizar.

A Filosofia, para Bachelard, também não nasce do passado e nem mesmo de outras filosofias. Surge de um olhar novo sobre o mundo, pois este provoca o homem que, por sua vez, se revela criador e despertador dos mundos da ciência e da arte. O essencial é que o seu espírito permaneça em estado de vigília, sempre em estado de apetite, em consonância com a prece bachelardiana: *Fome nossa de cada dia nos dai hoje*. E essa fome o acompanhou durante toda a sua vida, de acordo com Jupiassú (1976, p. 26).

Apesar de este trabalho se prender mais à vertente poética de Bachelard, nem por isso pode deixar de lado, inteiramente, a científica. Para o filósofo, a ciência não é *representação* e sim *ato*. Não basta contemplar. É necessário, para o espírito *chegar* ao conhecimento, *construir, criar, produzir* e *retificar* os demais pensamentos para que possa utilizar, em cada trabalho que pretende desenvolver, o que foi apreendido e adquirido, confirmando, assim, a importância que ele dá à *formação de uma mente científica* e à *construção de um novo espírito científico,* como Bachelard instrui em seu livro *A Formação do Espírito Científico.*

O conhecimento científico torna-se operativo: é uma *operação.* A ciência cria seus objetos próprios pela destruição dos objetos de percepção comum, dos conhecimentos imediatos. E é por ser *ação* que ela é *eficaz.* Devemos passar por ela para podermos agir sobre o mundo e transformá-lo. E o progresso do espírito científico se faz por *rupturas* com o senso comum, com as opiniões primeiras ou as *pré-noções* de nossa filosofia espontânea. A ciência, como o homem, não é a criação da necessidade, mas do *desejo.* Por outro lado, é *intervencionista.* Por isso, deve ser feita numa comunidade de pesquisa e de críticas, para não se tornar *totalitária.* O *cogito*[224] cartesiano deve ser substituído por um *cogitamos*[225]. Aprendemos sempre. E o mestre deve sempre fazer-se aluno, assim entendia Jupiassú (1976, p. 24).

Emtão, com este trabalho, sobre *A água e os sonhos,* o que se pretende, voltando à obra de Bachelard, é mostrar como, em livros posteriores, o seu espírito inquieto e curioso, em permanente demonstração de instabilidade e insatisfação, voltou-se, quase aos 60 anos, para o estudo do fenômeno poético, "ao serviço do qual colocou um sólido aparato filosófico, um rigoroso espírito científico e um inesperado senso estético", de acordo com Ramos (1968, p. 83).

---

[224] Cógito: pensar, refletir, conceber. TORRINHA. **Dicionário Latino Português**, 1972, p. 159.

[225] Cogitamus: pensamos, refletimos. TORRINHA. **Dicionário Latino Português**, 1972, p. 159.

# REFERÊNCIAS

AGUIAR E SILVA, Vitor Manuel de. **Teoria da Literatura**. Coimbra: Livraria Almedina, 1992.

ARISTÓTELES. **Poética**. Tradução de Eudoro de Sousa. Poro Alegre: Editora Globo, 1966.

BACHELARD, Gaston. **A Formação do Espírito Científico**. Tradução de Estela dos Santos Abreu. Rio de Janeiro: Contraponto, 1966.

BACHELARD, Gaston. **A Piscanálise do Fogo**. Tradução Maria Isabel Braga. Lisboa: Tipografia Leandro Ltda., 1972. (Coleção Omega).

BACHELARD, Gaston. **L'Eau et les Rêves**. Essai sur l'imagination de la matière. Paris: Librairie José Corti, 8 ème, réimpression, 1942.

BACHELARD, Gaston. **A Água e os Sonhos**. Ensaio sobre a imaginação da matéria. Tradução de Antonio de Pádua Danesi. São Paulo: Martins Fontes, 1997. (Coleção Tópicos).

BACHELARD, Gaston. **A Poética do Devaneio**. Tradução de Antonio de Pádua Danesi. São Paulo: Martins Fontes, 2009. (Biblioteca do Pensamento Moderno).

BACHELARD, Gaston. **La Flamme d'une Chandelle**. Paris: Presses Universitaires, Collection Philosophe, 1964.

BACHELARD, Gaston. **L'air et Les Songes** – Essai sur l'imagination du mouvement. Paris: Librairie José Corti, 6 ème, réimpression, 1943.

BACHELARD, Gaston. **La Terre et les Rêveries de la Volonté**. Paris: Librairie José Corti, 5 ème réimpression, 1948.

BACHELARD, Gaston. **La Poétique de L'espace**. Paris: Presses Universitaires de France, 5 ème, Édition, 1967.

BACHELARD, Gaston. **Le Nouvel Esprit Scientifique**. Paris: Presses Universitaires de France, 2 ème édition, 1968.

BACHELARD, Gaston. **Études** - Présentantion de Georges Canguilhem. Paris: Librairie Philosophique J. Vrin, Bibliothèque des textes philosophiques, 1970.

BACHELARD, Gaston. **Le Droit de Rêver**. Paris: Presses Universitaire de France, 1973.

CAMPOS, Geir. **Pequeno Dicionário de Arte Poética**. Rio de Janeiro: Conquista, 1975.

DAGONET, François. **Gaston Bachelard** – Sa Vie, son oeuvre avec un exposé de sa Philosophie. Paris: Presses Universitaire de France, 1965.

JUPIASSÚ, Hilton. **Para ler Bachelard**. Rio de Janeiro: Livraria Francisco Alves Editora S.A., 1976.

LACROIX, Jean. **Le Sens du Dialogue**. Paris: Èditions de la Baconnière, 1944.

PIRE, François. **De L'imagination Poétique dans l'oeuvre de Gaston Bachelard**. Paris: Librairie José Corti, 1967.

QUILLET, Pierre (org.). **Introdução ao Pensamento de Bachelard**. Tradução de César Augusto Chaves Fernandes. Rio de Janeiro: Zahar Editores, 1977.

RAMOS, Vitor. **A Poética de Bachelard**. O Estado de São Paulo, 1962, p. 10-11.

THERRIEN, Vincent. **La Révolution de Gaston Bachelard en Critique Litteraire** – Ses fondements, ses techiniques, sa portée - Du nouvel esprit scientifique à un nouvel esprit littéraire. Paris: Éditions Klincksieck, 1970.